汽车专业高技能职业教育"十二五"规划教材

汽车销售实务

敏捷科技（沈阳）有限公司　组编
主　编　朱小燕　邓　飞
副主编　顾燕庆　朱玉华　张　骅
主　审　王才贤　盛　聚

机械工业出版社

汽车销售人员素质的提高是汽车企业提高竞争力的核心内容，也是汽车销售店、4S店正面临的十分现实却又非常棘手的问题。本书结合汽车销售专家的经验，以实战应用为目的，以汽车销售流程为核心，对汽车销售实务进行了全面阐述。全书共分为15个项目，内容包括商务礼仪、潜在客户开发、需求分析、车辆介绍、竞争车型比较、试乘试驾、异议处理、价格谈判、汽车保险、汽车贷款、汽车上牌、交车服务、售后跟踪服务、汽车销售合同、二手车评估。每个项目都是相对独立的专题，内容丰富，深入浅出，在市场营销学理论基础上，突出汽车营销的特点，以应用、实操为原则，力争做到知识和应用的完美统一，具有可操作性和指导性。此外，还精选了典型汽车营销案例及复习思考题，配有教学PPT课件和教学软件（需另购）。

本书既可作为中等及高等职业学校汽车营销及相关专业一体化教材，也可供汽车销售一线的从业人员培训学习和参考。

本书配备教学课件，选用本书作为教材的教师可在机械工业出版社教育服务网（www.cmpedu.com）注册后免费下载；或添加客服人员微信获取（微信号码：13070116286）。

图书在版编目（CIP）数据

汽车销售实务/朱小燕，邓飞主编. —北京：机械工业出版社，2011.8
(2021.6重印)

汽车专业高技能职业教育"十二五"规划教材

ISBN 978-7-111-35564-9

Ⅰ. ①汽… Ⅱ. ①朱… ②邓… Ⅲ. ①汽车－销售－高等职业教育－教材 Ⅳ. ①F766

中国版本图书馆CIP数据核字（2011）第158386号

机械工业出版社（北京市百万庄大街22号　邮政编码100037）
策划编辑：齐福江　责任编辑：齐福江　版式设计：张世琴
责任校对：薛　娜　封面设计：王伟光　责任印制：常天培
北京捷迅佳彩印刷有限公司印刷
2021年6月第1版第13次印刷
184mm×260mm・9.5印张・234千字
26301—27300册
标准书号：ISBN 978-7-111-35564-9
定价：30.00元

电话服务	网络服务
客服电话：010-88361066	机　工　官　网：www.cmpbook.com
010-88379833	机　工　官　博：weibo.com/cmp1952
010-68326294	金　书　网：www.golden-book.com
封底无防伪标均为盗版	机工教育服务网：www.cmpedu.com

前言

在中国，很少有行业能像汽车行业一样，在短短的数年之间，市场销量出现爆发式的增长：2000年，中国汽车市场的销量还居世界第八位，2005年便超过日本，跃居世界第二位，仅次于美国。在2009年，汽车需求出现了井喷式增长，超越美国，成为世界第一大汽车产销国。

目前，汽车消费者的消费心理日益成熟，购买行为趋于理性，对汽车企业的要求更加苛刻。随着市场竞争的加剧，汽车企业逐渐认识到，营销队伍是贯彻企业营销理念、提供优质服务的关键，是联系消费者与销售企业的桥梁，其本身就是企业的招牌。所以，企业营销队伍的建设、营销人员素质的提高成为汽车企业提高竞争力的核心内容。可以预料，未来的十几年，既是我国汽车工业快速发展的时期，又是汽车市场竞争日益激烈的时期。在这种情况下，我国急需汽车营销方面理论知识扎实、实践技能熟练的专业人才。

汽车营销人员是典型的应用型人才，目前已被劳动和社会保障部定为我国劳动就业市场紧缺人才。因此，在编写的过程中，我们坚持以应用为目的，紧密联系当前中国汽车市场的实际状况，在市场营销学理论的基础上，突出汽车市场营销的特点，以应用、实操为原则，力争做到知识和应用的完美统一，为培养汽车市场营销技术应用型人才服务。

本书为机械工业出版社汽车专业高技能职业教育"十二五"规划教材。建议本书授课学时不超过64学时，教师可根据学生的类别和专业特点以及教学的实际需要，对汽车销售企业营销实例进行案例教学，组织学生讨论和研究。如有条件，还可以带领学生去当地的4S店进行实践，通过这些教学活动，学生的综合能力一定会有所提高。

本书由敏捷科技（沈阳）有限公司组编，朱小燕、邓飞任主编，顾燕庆、朱玉华、张骅任副主编，王才贤、盛聚任主审，参编人员有王勇静、刘世琪、蒋妮。

不足之处，欢迎读者批评指正。

编　者

前言
项目一 商务礼仪 ········· 1
  任务1 仪容仪表 ········· 1
  任务2 自我介绍 ········· 4
  任务3 交递名片 ········· 7
  任务4 展厅接待 ········· 8
项目二 潜在客户开发 ········· 14
  任务1 潜在客户开发方法 ········· 14
  任务2 潜在客户推进 ········· 17
  任务3 客户维护与回访 ········· 21
项目三 需求分析 ········· 25
  任务1 判断客户类型 ········· 25
  任务2 需求分析方法 ········· 26
项目四 车辆介绍 ········· 33
  任务1 六方位展示 ········· 34
  任务2 汽车各性能展示法 ········· 40
项目五 竞争车型 ········· 45
  任务 寻找竞争车型及比较 ········· 45
项目六 试乘试驾 ········· 55
  任务1 试乘试驾概述 ········· 55
  任务2 试乘试驾流程 ········· 57
项目七 异议处理 ········· 63
  任务1 识别客户异议 ········· 63
  任务2 分析客户异议的成因 ········· 66
  任务3 处理客户异议 ········· 68
项目八 价格谈判 ········· 78
  任务1 报价方法 ········· 78
  任务2 处理顾客要求减价的方法 ········· 81
项目九 汽车保险 ········· 85
  任务1 汽车保险的意义 ········· 85
  任务2 汽车保险的险种 ········· 88
  任务3 汽车保险的险种组合 ········· 90
  任务4 汽车保险保费的计算 ········· 94
项目十 汽车贷款 ········· 98
  任务1 汽车信贷的知识 ········· 98
  任务2 汽车贷款流程及计算 ········· 99
项目十一 汽车上牌 ········· 104
  任务 汽车上牌 ········· 104
项目十二 交车服务 ········· 109
  任务1 交车服务的准备 ········· 109
  任务2 交车服务的流程 ········· 110
项目十三 售后跟踪服务 ········· 115
  任务1 售后服务的内容 ········· 115
  任务2 客户投诉处理 ········· 120
项目十四 汽车销售合同 ········· 125
  任务1 买卖合同 ········· 125
  任务2 汽车销售合同的主要条款 ········· 127
项目十五 二手车评估 ········· 134
  任务1 二手车评估的基本概念 ········· 134
  任务2 二手车成新率的计算 ········· 138
  任务3 二手车鉴定评估的计算方法 ········· 143

项目一 商务礼仪

学习目标

- 掌握仪态、仪表相关知识
- 掌握自我介绍等方面知识点
- 掌握名片交换等方面知识点
- 掌握展厅接待流程和寒暄语言

技能要求

- 具备汽车销售人员仪容仪表礼仪
- 能熟练进行自我介绍、他人介绍礼仪
- 能熟练运用名片交换礼仪
- 能够模拟展厅接待流程，熟练使用寒暄语言

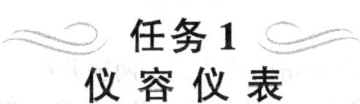

任务1 仪容仪表

一、任务分析

仪容仪表是一个汽车销售顾问的基本前提。要能够赢得顾客，首先要从外表上吸引顾客。通过本任务的学习，同学们要了解汽车销售人员的仪容仪表方面应该具备哪些基本要求。

二、任务学习

1. 仪态

仪态是指人在行为中的姿势和风度，姿势是指身体呈现的样子，风度是气质方面的展示。仪态是一种行为语言，能在很大程度上反映一个人的素质、修养及其被别人信任的程度。冰冷生硬、懒散懈怠、矫揉造作的举止行为，无疑有损于良好的形象；而从容潇洒的动作，给人以清新明快的感觉；端庄含蓄的行为，给人以深沉稳健的印象。因此，汽车销售人员必须在训练中达到提高个人仪态的目的，尤其注意自己的站姿、坐姿、走姿、手势等。

（1）站姿　正确的站姿是抬头、目视前方、挺胸直腰、两肩平齐、双臂自然下垂、收腹、双腿并拢直立、脚尖分呈V字形、身体重心放到两脚中间，也可两脚分开比肩略窄，将双手合起，放在腹前或身后。

1）男性站姿：双脚平行打开，双手握于小腹前或身后。

2）女性站姿：双脚要靠拢，膝盖打直，双手握于腹前。

3）当客户、上级或职位比自己高的人走来时应起立。站立时，双手不可叉在腰间，也不可抱在胸前；不可驼着背，弓着腰；不可眼睛左右斜视；不可一肩高一肩低，不可双臂胡乱摆动，不可双腿不停地抖动。不宜将手插在裤袋里，更不要下意识地出现搓、剐动作，也不要随意摆弄打火机、香烟盒，玩弄皮带、发辫等。否则不但显得拘谨、有失庄重，还会给人缺乏自信和没有经验的感觉。

（2）坐姿　入坐时要轻，至少要坐满椅子的三分之二，后背轻靠椅背，双膝自然并拢（男性可略分开）。身体稍向前倾，表示尊重和谦虚。

1）男性坐姿：可将双腿分开略向前伸，如长时间端坐，可双腿交叉重叠，但要注意将上面的腿回收，脚尖向下。

2）女性坐姿：入座前应先将裙角向前收拢，两腿并拢，双脚同时向左或向右放，两手叠放于腿上。如长时间端坐可将两腿交叉重叠，但要注意上面的腿回收，脚尖向下。

3）特别提示

① 就坐与人交谈时，不可双腿不停地抖动，更不可鞋跟离开脚跟晃动。

② 坐姿与环境要求不符，入座后不能翘起二郎腿或前俯后仰。

③ 不能将双腿搭在椅子、沙发和桌子上。

④ 女士叠腿要慎重、规范，不可呈"4"字形，男士也不能出现不雅的坐姿。

⑤ 坐下后不可双腿拉开呈"八"字形，也不可将脚伸得很远。

（3）走姿

1）男士：抬头挺胸，步履稳健、自信。避免八字步。

2）女士：背脊挺直，双脚平行前进，步履轻柔自然，避免做作。可右肩背皮包，手持文件夹置于臂膀间。

3) 行走最忌内八字、外八字；不可弯腰驼背、摇头晃肩、扭腰摆臂；不可膝盖弯曲，或重心不协调，使得头先至而腰、臀跟上来；不可走路时吸烟、双手插入裤兜；不可左顾右盼；不可无精打采，身体松垮；不可摆手过快，幅度过大或过小。

（4）蹲姿 在拾取低处物件时，应保持大方、端庄的蹲姿。一脚在前，一脚在后，两腿向下蹲，前脚全着地，小腿基本垂直于地面，后脚跟提起，脚掌着地，臀部向下。

（5）手势

1）指引。需要用手指引某样物品或接引顾客和客人时，食指以下靠拢，拇指向内侧轻轻弯曲，指示方向。

2）招手。向远距离的人打招呼时，伸出右手，右胳膊伸出高举，掌心朝着对方，轻轻摆动。不可向上级或长辈招手。

3）交际场合不得当众搔头皮、掏耳朵、抠鼻孔或眼屎、搓泥垢、修指甲、揉衣角、用手指在桌上乱画、玩手中的笔或其他工具；切忌做手势或指指点点。

（6）行礼 当顾客走到展厅门前2米左右，门童（门前接待人员）要立即与顾客眼神接触，报以亲切的微笑，对顾客说"欢迎光临"或者其他适当的语言来打招呼、行礼，同时起到提醒展厅内销售人员有顾客到来作用。当顾客在店内停留3分钟后或发出需要帮助的信号（如目光搜寻、在一辆车前停留后尝试打开车门时），销售人员就应快步上前提供服务。

展厅接待人员的行礼角度，可依次分为3种：15度——"请稍等一会儿"；30度——"欢迎光临"；45度——"谢谢光临"。这三种角度中，15度和30度都要看着顾客的眼睛，将头慢慢朝下。

欢迎的行礼角度，以30度最为恰当，如果角度再大一点虽略显夸张，但从礼貌上来讲并不是不好。在打招呼的同时，还应注意顾客的视线以及顾客的表情，这是很重要的。在目送准备离去的顾客时，因为服务已经告一段落，应该表示谢意，因此，行礼的角度不宜过小，需在45度左右。

另外，销售人员在接受顾客委托或是请顾客稍等时的行礼角度，只需15度即可。如果销售人员和顾客眼睛碰上时，行礼的角度也是15度。

（7）视线 与顾客交谈时，两眼视线落在对方的鼻间，偶尔也可以注视对方的双眼。

恳请对方时，注视对方的双眼。

为表示对顾客的尊重和重视，切记斜视或光顾他人、他物，以免让顾客感觉你非礼和心不在焉。

2. 仪表

良好的外表并不是面容的漂亮，而是指服饰整洁得体，与销售的产品和公司的形象相符。

一般来说，在与客户面谈时，男士着深色的正装是合适的，而女士着职业套装是恰当的。

（1）男士

1）短发，头发清洁、整齐，精神饱满。

2）无胡须，短指甲。

3）统一制服，大方，得体。

4）制服干净，穿前熨烫平整，西装需系胸前纽扣。

5）皮鞋光亮，无灰尘，搭配黑色或深色袜子。

6）胸卡正面朝前佩戴胸前，名片放在西装左胸口袋处。

7）男士着装的三原则

① 三色原则：全身颜色尽量限制在三种以内。

② 三一定律：鞋子、腰带、公文包颜色要统一协调（黑色优先）。

③ 三大禁忌：不拆商标，正式场合穿夹克打领带，袜子颜色、质地和衣服不统一。

（2）女士

1）发型要文雅、庄重，梳理整齐，长发要用发夹夹好，精神饱满。

2）化淡妆，指甲不宜过长，并保持清洁。

3）统一制服，大方，得体。

4）穿裙装时，一律搭配肤色丝袜，无破洞。

5）鞋子光亮，清洁。

6）除结婚戒指外，上班时销售人员严禁佩带其他饰品。

7）胸卡正面朝前佩戴胸前。

销售人员要随时检点下列行为

头发脏乱，有头屑	衬衣的领、袖口不洁
满脸油光或有汗水	领带松散、歪斜
胡子没有修剪	系一条褪色的皮带
眼睛、眉毛上妆太重	浅色衬衣内穿深色内衣
眼镜不洁或有破损或佩戴墨镜	浅色袜子配深色皮鞋
饭后未漱口	夏天着装暴露，穿拖鞋
指甲过长且不干净	皮鞋、西装上有污渍
涂抹指甲油	浓妆艳抹，香水味浓重

任务 2　自我介绍

一、任务分析

在与人打交道过程中，避免不了都要相互介绍。在汽车销售中面对客户时，第一步也是

项目一 商务礼仪

自我介绍。通过本任务的学习,同学们能够掌握在接触客户时如何进行自我介绍,以及要注意的一些标准和要求。

二、任务学习

1. 自我介绍

汽车销售人员每天要与各种各样的陌生人打交道,要经常进行自我介绍,怎样使自己做得更好去赢得顾客的信任呢?

(1) 自我介绍的时机

1) 在社交场合,与不相识者相处时,或是有不相识者表现出对自己感兴趣时,或是有不相识者要求自己做自我介绍时。

2) 在公共聚会上,与身边的陌生人组成交际圈时,或是打算介入陌生人组成的交际圈时。

3) 有求于人,而对方对自己不甚了解或一无所知时。

4) 前往陌生人单位,进行工作联系时。

5) 拜访熟人遇到不相识者挡驾,或是对方不在而需要请不相识者代为转告时。

6) 初次通过大众传媒向社会公众进行自我推荐、自我宣传时。

7) 在出差、旅行途中,与他人临时接触时。

(2) 自我介绍的内容 内容简短而完整,说出单位、职务、姓名,给对方一个自我介绍的机会。如:您好!我是××4S汽车专营公司的业务代表,我叫陈××。请问,我应该怎样称呼您呢?

(3) 自我介绍时的仪态 可将右手放在自己左胸上,不要用手指指着自己说话。如方便,可握住对方的手做介绍;有名片的,可在说出姓名后递上名片。

(4) 自我介绍时的表情 坦然、亲切、大方,面带微笑,眼睛看着对方或是大家,不可不知所措或者随随便便、满不在乎。

总之,自我介绍要做到自然大方,表现出自信友好和善解人意,不要慌慌张张,毛手毛脚。注意时间,要抓住时机,不要打断别人的谈话,应在对方有空闲,而且情绪较好,又有兴趣时介绍自己。态度要诚恳,要自然、友善、亲切,应落落大方,彬彬有礼,实事求是。既不能唯唯诺诺,又不能虚张声势;不可自吹自擂,夸大其词。

2. 介绍他人

介绍他人,是作为第三方为彼此不相识的双方引见、介绍的一种介绍方式。介绍他人通常是双向的,即将被介绍者双方各自均做一番介绍。

(1) 介绍他人的时机

1) 陪同领导、长辈、来宾时,遇见了不相识者,而对方给自己打招呼时。

2) 本人的接待对象遇见不相识的人士,而对方又跟自己打招呼时。

3) 在办公室或其他社交场合,接待彼此不相识的客人或来访者时。

4) 与家人、亲朋外出,路遇家人、亲朋不相识的客人或来访者时。

5) 打算推荐某人加入某一方面的交际圈时。

6) 受到为他人做介绍的邀请时。

5

（2）介绍他人的顺序　在介绍他人时要掌握优先权的原则——尊者居后。把身份、地位较低的一方介绍给身份、地位较为尊贵的一方，以表示对尊者的敬意之意。

1）介绍陌生男女相识。通常情况下，先把男士介绍给女士认识。如果男士的年纪比女士大很多时，则应将女士介绍给男士长者，以表示对长者的尊重。

2）先把晚辈介绍给长辈，后把长辈介绍给晚辈。

3）把客人介绍给主人。通常在来宾众多的场合中，尤其是主人未必与客人相识的情况下。

4）把地位低者介绍给地位高者。

5）把个人介绍给团体。当新加入一团体的个人初次与该团体的其他成员见面时。

（3）介绍他人时的要点

1）做介绍时，介绍人应起立，行至被介绍人之间。在介绍一方时，应微笑着用自己的视线把另一方的注意力引导过来。手的正确姿态应是手指并拢，掌心向上，胳膊略向外伸，指向被介绍者。但绝对不要用手指去对被介绍者指指点点。

2）陈述的时间宜短不宜长，内容宜简不宜繁。通常的做法是连姓带名加上尊称、敬语。较为正式的话，可以说："尊敬的吴某某先生，请允许我把王某某介绍给您。"比较随便一些的话，可以略去敬语与被介绍人的名字，如"吴小姐，让我来给你介绍一下，这位是王先生。"

3）作为被介绍者，应该表现出结识对方的热情。被介绍时，应该面向对方并注视对方，不要东张西望，心不在焉，或是羞怯得不敢抬头。

4）介绍完毕，被介绍的双方应该相互以礼貌语言向对方问候或微笑点头致意，可以说："很高兴认识你"等，这种客套话是需要的，但不要太过分，像"不胜荣幸"、"幸甚幸甚"等就过于单调和做作了。

（4）注意事项

1）介绍者为被介绍者介绍之前，一定要征求一下被介绍双方的意见，切勿上去开口即讲，让被介绍者感到措手不及。

2）如果需要把一个人介绍给众多的在场者时，最好能够按照一定的次序。如采取自左至右或自右至左等方式依次进行。

3）态度要热情友好、认认真真，不要给人以敷衍了事或油腔滑调的感觉。

3. 接受介绍

在社交场合中，不论以介绍人还是以被介绍人的身份出现，你的言行举止都暴露在众人的注意力之下。作为汽车销售人员应该注意以下的态度和行为：

（1）起立　在介绍或接受介绍时，无论是男士还是女士都要起立，尤其是介绍长辈时，不起立，表示你的身份比对方高。但在宴会、会谈的进行中可不必起立，被介绍者只要面带微笑并欠身致意即可。

（2）握手　握手是大多数国家人们相互见面和离别时的礼节。在交际场合中，握手是司空见惯的事情。一般在相互介绍和会面时握手，遇见朋友先打招呼，然后相互握手，寒暄致意。

项目一 商务礼仪

特别提示：

在握手时不要戴着手套或墨镜。

手要洁净、干燥和温暖。

掌心应向左，不应向下。

不用左手握手。

一般应控制在3秒以内。

任务3
交 递 名 片

一、任务分析

在商务礼仪中，相互交换名片就是经常会出现的一个环节，通过任务的学习，要掌握名片交递的顺序、方法和注意事项等。

二、任务学习

汽车销售人员在与人初次见面并与对方握手寒暄之后，应递上自己的名片。名片使用同样是按照位尊者优先的原则。

1. 名片的放置位置

名片可以放在衬衣的左侧口袋或西装的内侧口袋，也可以放在随行包的外侧，口袋不要因为放置名片而鼓起来。不要将名片放在裤袋或西裤的后兜中。养成一个基本的习惯：会客前检查和确认名片夹内是否有足够的名片。

2. 交换名片顺序

① 地位低的人先向地位高的人递名片。

② 男性先向女性递名片。

③ 当面对许多人时，应先将名片递给职务较高或年龄较大者，如分不清职务高低或年龄大小时，则可先和自己对面左侧的人交换名片。

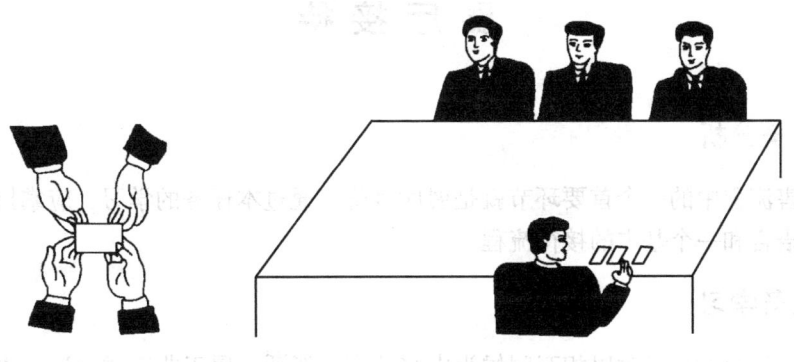

3. 递名片的方法

递名片讲究"奉"，即奉送之意，表现谦恭、恭敬。应面带微笑，注视对方。下面介绍三种递名片方法：

① 手指并拢，将名片放在手掌上，用大拇指夹住名片的左端，恭敬地送到顾客胸前。名片的名字对向顾客，使顾客接到名片时就可以正读，不必翻转过来。

② 食指弯曲与大拇指夹住名片递上。同样名字对向顾客。

③ 双手食指和大拇指分别夹住名片左右两端奉上。

4. 接名片的方法

接名片讲究"恭"，即恭恭敬敬。营销人员在工作中常常要接受名片，接受方式是否恰当，将会影响你给顾客的第一印象。具体如下：

1) 空手的时候必须以双手接受。试想如果别人以此种方式接受你的名片，你一定高兴。

2) 接受后要马上过目，不可随便瞟一眼或有怠慢的表示。初次见面，一次同时接受几张名片，要记住哪张名片是哪位先生或小姐的。

3) 接受名片后应把对方名片放入自己的名片夹中，要注意不可犯以下错误：

① 不要无意识地玩弄对方的名片。

② 不要把对方名片放入裤兜里。

③ 不要当场在对方名片上写备忘事情。

4) 在一般情况下，不要伸手向别人讨名片，必须讨名片时应以请求的口气，如"您方便的话，请给我一张名片，以便日后联系。"

5. 名片使用的注意事项

无论参加私人或商业餐宴，名片皆不可用餐时发送，此时只适宜从事社交而非商业性的活动。与其发送一张破损或脏污的名片，不如不送。应将名片收好，整齐地放在名片夹、盒或口袋中，以免名片毁损。破旧名片应尽早丢弃。

任务 4
展 厅 接 待

一、任务分析

汽车销售流程中的一个首要环节就是展厅接待。通过本任务的学习，应掌握展厅接待中惯用的寒暄语言和一个基本的接待流程。

二、任务学习

寒暄是会晤双方见面时以相互问候为内容的应酬谈话，属于非正式交谈，本身没有多少实际意义,它的主要功能是在打破彼此陌生的界限,缩短双方的感情距离,创造和谐的气氛,以利于正式话题的开始。说第一句话的原则应是:亲热、贴心、消除陌生感。

1. 寒暄的意义

寒暄说白了就是问候与应酬。寒暄语是自我推销和人际交往时与对方开始沟通和交流的最常用的语言。现在的生活,温饱问题不在话下,寒暄语也多了。比如说"你高升了吗?""你在哪里发财?""你上网了吗?"这样的寒暄语,极具普遍性,倒也没有什么。而有些问候,就不能简单从事,你得斟酌一下。比如对女性的寒暄吧,人家肥胖,绞尽脑汁都在减肥,你一见面就恭维人家发福了,这不是嘲笑人吗?所以说寒暄也要注意。

总的来说,人在初次见面时,一般都会以对方给自己留下的第一印象做本能的判断,如果是好印象,那就无形中提升了其魅力,反之,则会让对方在心理上产生排斥。所以必要的寒暄语是人际交往的关键,大家要善于把握寒暄的时机,用口才为自己的生活和工作带来更大的成功。

2. 寒暄的常见类型

(1) 问候型

1) 典型问候型。典型的说法是问好。常说的是"你们好!"、"大家好!"等。

2) 传统意会问候型。传统意会型问候主要是指一些貌似提问实际上只是表示问候的招呼语。如:"上哪去呀?"、"吃过饭了吗?"、"怎么这么忙啊?"等等。

3) 古典问候型。具有古代汉语风格的问候语主要有"幸会"、"久仰"等等。这一类问候语风格比较鲜明,多用于比较庄重的场合。

(2) 攀认型 攀认型问候是抓住双方共同的亲近点,并以此为契机进行发挥性问候,以达到与对方顺利接近的目的。与顾客接触时,要留心,像"同乡"、"自己喜欢的地方"这些交流点,如"大家都是广州人,我母亲出生在广州,说起来,我们算是半个老乡了。""大家都是昆明人,我也算是昆明人,因为我在昆明读了四年书,昆明可以说是我的第二故乡了。"

(3) 关照型 关照型寒暄主要是在寒暄时要积极地关注顾客的各种需求,在寒暄过程中要不露痕迹地解决顾客的疑问或疑难。

3. 寒暄的基本要求

(1) 自然切题 寒暄的话题十分广泛,比如天气冷暖、身体健康、风土人情、新闻大事等,但是寒暄时具体话题的选择要讲究,话题的切入要自然。

(2) 建立认同感 切入了自然而得体的寒暄话题,双方的心理距离就会有效地缩短,双方的认同感就容易建立起来。

(3) 调谐气氛 有了自然而得体的话题,有了认同感,再加上寒暄时诚恳、热情的态度、语言、表情以及双方表现出的对寒暄内容的勃勃兴致,和谐的交际气氛也就自然地创造出来了。

4. 寒暄要做什么

发掘客户的肯定点,表达自我的推销点。寒暄适当即可,不要让客户感觉很做作。例如你要赞美客户的时候用两三句即可,而且你要让他觉得你是很随意说出来的。

5. 实训案例:北京现代展厅接待"真实一刻"

(1) 客户接近展厅时 若见客户开车来展厅,保安人员应示意客户停车,行举手礼,询问客户来店目的。若客户是维修保养，引导车辆进入维修区；若是来展厅看车或其他目的，则引导车辆停入客户停车场。

（2）客户进入展厅时　客户进店后，销售顾问上前迎接致欢迎词"欢迎光临北京现代"，并鞠躬45度，同时面带微笑，进行简短自我介绍，请教客户尊姓，并将名片以易于客户阅读的方向双手递给客户。

销售顾问应提供免费茶水接待客户。

除了与客户进行交谈外，还必须随时关注客户的同行人员并一一招呼寒暄。

（3）客户自行看车时　若客户表示想自行看车，销售顾问向客户说明自己的服务方位，并告知客户如有需要，会立即提供帮助。

销售顾问应随时关注客户可能的需求，并保持一定的距离待命，避免给客户有压力的感觉。

（4）客户想要交谈时　销售顾问主动邀请客户先入座，让客户坐在可以看到展车的位置，自己则坐在客户的右手边。

当销售顾问与客户进行面对面交谈时，应及时询问客户所需的饮料，并及时为客户提供免费饮料服务。

应先从礼貌寒暄开始，扩大谈话面，引导客户对话机会。

保持适当的身体距离，适时引导客户谈论对车辆的感受，注重倾听客户的意见，了解更多客户的信息，并针对客户的情况进入相应的流程。与客户交谈的同时，也应随时关注客户的同伴。

积极回应客户提出的话题。在客户说话的时候，注意倾听，不随意打断客户谈话。

（5）客户离开时　主动留取客户的信息，并让客户理解留取信息的好处。

销售顾问应向客户表示今后有什么需求，可随时与自己联系，并欢迎再次惠顾，提醒客户带齐随身携带的物品，送客户至展厅门外，并道别。

若客户开车前来，销售顾问应陪同客户到停车场，引导车辆驶出车位，向离去客户挥手致意，并目送客户离开。

保安人员指挥客户车辆驶出门口，向客户行礼放行并目送其离开。

（6）客户离开后　销售顾问应整理资料，填写"来店客户登记表"和"客户管理卡"，3天内对客户进行电话追踪回访。

【案例一】

张桐玮是西安广州本田博盛店的一名销售顾问，以下称"张"，何麟是一名来看汽车的顾客，以下称"何"。

（何一颠一颠走进店中）

张：您好，先生，欢迎光临广州本田博盛店。我是本店的销售顾问，我叫张桐玮，哦，这是我的名片。

（何接过名片）

张：因为我皮肤颜色比较黑，您也可以叫我小黑，店里的伙伴都这么叫我。

（何笑了笑）

张：先生请问您怎么称呼啊？

何：哦，我姓何。

张：哦，何先生啊，请问有什么能为您服务的吗？

何：恩，我来看看车，请问有新飞度吗？

张：(做了个手势) 有啊，在那边呢。何先生，需要我陪您一起看呢，还是您想自己先看看？

何：让我自己先看看吧。

张：好的，何先生，我就在这边服务台，有问题了随时叫我，很乐意为您服务。

(何先生径直走向新飞度)

何：小黑。

张：(张走过去) 您好，何先生，有什么可以为您效劳的吗？

何：这个飞度多大排量啊？

张：哦，飞度分两个排量五个车型，1.3升和1.5升，价钱从8.68万元到12.98万元，不知您想看哪款？

何：还没有定哪款，我就在大街上看到新飞度的样子挺时尚，具体的我还不是很了解。

张：那这样吧，何先生，咱们去那边休息区，我给你拿一些资料，您可以详细了解一下，那边还有免费的饮料，好吗？

何：好的。

(用手势引导客户方位)

张：(半蹲式) 何先生，我们这里有免费的红茶、咖啡、矿泉水，不知您想喝哪一种？

何：给我来杯红茶。

张：好的，一杯红茶。这是新飞度的资料，您先看着，我去给您准备红茶。

(两手端茶，手指不能太靠杯口)

张：何先生，这是您的红茶，请慢用。

(开始寒暄)

张：何先生，您之前还到别的车行看过吗？

何：有啊。

张：呵呵！很少见皮肤像我这么黑的吧？店里的伙伴都叫我小黑，所以您也可以叫我小黑。

何：(笑了笑) 也好着呢，男孩嘛，黑点也不难看啊。

张：谢谢您，您帮我治愈了多年疗不好的心灵创伤，呵呵！其实我也不是一生下来就这么黑，没事老爱打篮球、游泳，就晒成这样子了。

何：多运动挺好的啊！

张：那何先生，您平时喜欢什么运动啊？

何：我？有时和朋友去打打羽毛球。放假了去爬爬山之类的。

张：对，平时在市区里待着多闷啊，周末出去爬爬山呼吸呼吸新鲜空气，多好啊！不过西安这地方山倒不多，您经常去哪里爬山啊？

何：是啊，西安没什么山。我们一般和同事开车去玩。开车就快多了，离开西安以后，山就多了。上回去四川，也就是9个小时就到了，星期天下午就回来了。

张：呀，真美慕你们的生活啊！劳逸结合的，那公司效益不错吧，对了，何先生您是做什么行业的啊？

何：嗯，我自己做生意，土建。

张：土木建筑，这种生意可不是一般人做得啊，需要很多现金周转的，我有个同学也是做土建的，刚刚开始做，他说做那个需要很多周转资金，比如说盖楼房需要垫资啊之类的，大一点的楼垫一层就得几百万啊，您真有实力，真是年轻有为啊！

何：呵呵！也不年轻了，都快40了。

张：不像啊，我觉得您也就30出头的样子啊，真不像40，怪不得有句话叫30岁以后的男人才是最有魅力的男人。对了，何先生，您今天来看飞度，这台车不是给您看的吧？因为刚才看您开的君悦。

何：这是给我爱人买的，她没事出去购物啊，接孩子啊，代步啊用。

张：那可真是没有问题，飞度里面空间很大，代步、接孩子一点问题都没有，购物也没有问题，后面行李箱有四种模式呢。

何：是吗？哪四种模式啊？

张：有实用模式、休息模式、超长模式、超高模式。这样吧，何先生，我现在就去给您演示一下，好吗？

何：好的。

分析：

通过自己的外貌特征比较黑而做谦虚状引起顾客的好感，在打消顾客的戒备心理后，运用寒暄语言，让顾客逐渐感受到购车过程中的成就感，从而获得顾客的信任。

【案例二】

情景A　销售人员："您真有眼光，您看中的可是这个月最新推出的款式，是目前欧美最流行的车型，价格可不便宜，挺贵的！"（此时要暂停，将沉默留给客户）

客户："那到底是多少钱呀？"

销售人员："哦，这么说吧，按排量计算是60元每毫升。"

客户愕然："那这车的排量是多少毫升？"

销售人员："这款车的排量是1.6升，油耗相对较低，总价为9万多吧。"（销售人员采用这种"制约"策略，完全主导和控制了谈话的范围与内容，接下来客户肯定会问关于"排量"与"油耗"的相关问题，顺理成章地给了销售人员一个解释产品性能的机会）

情景B　销售人员："您真是识货之人，一般人是不懂得欣赏这种风格的越野车，它由轻型多用途军用越野车演变而来，底盘高，越野性能好，当然价格可不便宜，还挺贵的！"（暂停，沉默等待客户的追问）

客户："那究竟是多少？"。

销售人员："大概每公斤100元吧。"

客户："啊？这车多少公斤？"

销售人员："这款车总重量为1770公斤，所以总价是17.7万元。"（沉默片刻）

销售人员："这款车确实比较重，因为它的底盘厚实稳重、钢板厚1.2毫米，驾驶起来稳定、安全！不像有些车的钢板很薄，只有0.8毫米，用手一按就有一个坑，驾驶起来轻飘

项目一　商务礼仪

不说，还不能碰，稍稍碰一下就会瘪。所以买车前一定要问清楚轻重，选安全系数高的才有保障！"

客户："车重不是很耗油吗？"（客户自然会提出诸如此类关于性能、配置等问题让销售人员解答，销售又成功向前推进了一步）

……

分析：

巧用寒暄语言逐步将客户引入销售过程，通过语言，让客户一点点跟随销售顾问的思路完成整个销售过程。

情境实训

应用M-AB汽车商务情景实训系统［敏捷（沈阳）公司配套开发软件］开展情境综合实训。

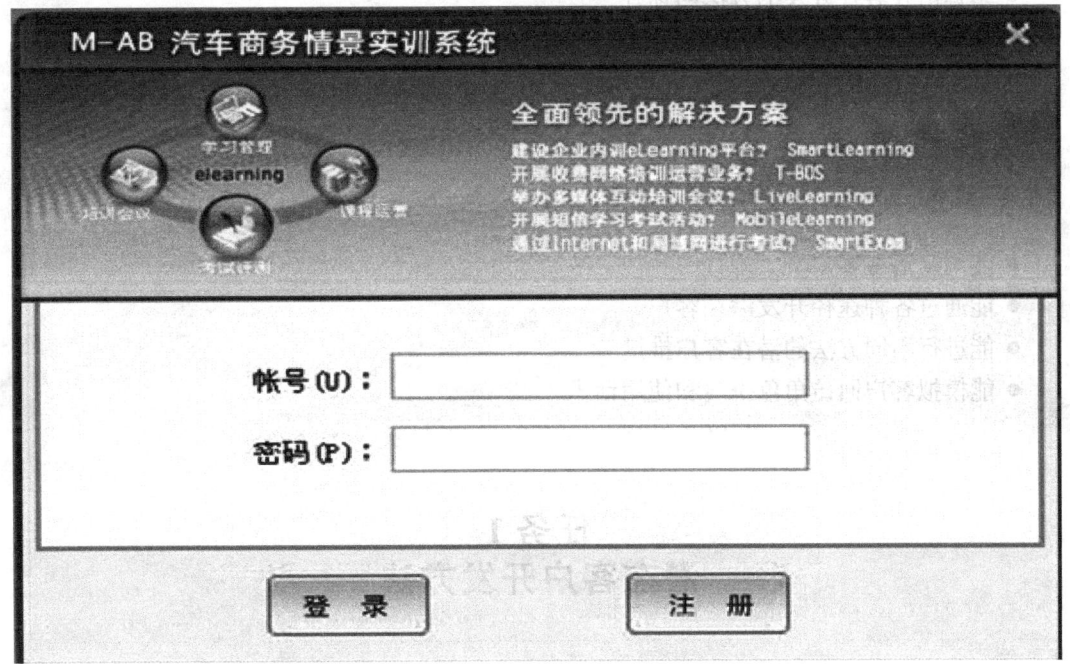

作业

1. 模拟与客户接触场景，进行自我介绍、介绍他人、握手等练习。
2. 模拟场景，进行站姿、坐姿、行礼等的演示，对照镜子多多练习仪容仪表。
3. 模拟客户与销售人员角色分配，练习寒暄语言的使用。
4. 根据所学内容，模拟交换名片场景，进行演示练习。
5. 模拟完整的展厅接待流程情景，注意仪容仪表、自我介绍、名片交换等的使用。

# 项目二　潜在客户开发

学习目标

- 掌握潜在客户开发的方法与途径
- 掌握潜在客户推进的各种方式
- 掌握客户维护与回访方法

技能要求

- 能判定潜在客户
- 能通过各种途径开发潜在客户
- 能进行不同方法的潜在客户推进
- 能模拟客户回访角色扮演和使用话术

任务1　潜在客户开发方法

一、任务分析

汽车销售流程中的前期准备工作就是潜在客户的开发，只有先找到客户来源，才有销售流程的下一步。通过本任务的学习，应该能够掌握寻找潜在客户的一些途径和方法。

二、任务学习

有效的潜在客户开发工作可以使更多的客户来到我们的展厅，进而创造更多的销售机会。开发潜在客户是一种拓展客户来源的高效率及低成本的方法。

1. 潜在客户的分类

潜在客户：尚未接触，也尚未购车的客户。

有望客户：已经接触，但尚未购车的客户。
战败客户：已经接触，但购买它牌的客户。
基盘客户：已经接触，且已经购车的客户。

2. 判定潜在客户

在销售人员收集的潜在客户名单中，有相当一部分不是真正的潜在客户。要想提高推销效率，就必须练就能准确判别真正潜在客户的本领，以免浪费大量的时间、精力和财力。在实际工作中，判定客户的方法主要是 MAN 法则：

M：MONEY，代表"金钱"。所选择的对象必须有一定的购买力。

A：AUTHORITY，代表购买"决定权"。该对象对购买行为有决定、建议或反对的权利。

N：NEED，代表"需求"。该对象有这方面（产品、服务）的需求。

如果只有一个条件满足，就不是潜在的客户；条件满足 M、N 的客户，也算作潜在客户，但不是重点（因为他没有决定权）。

3. 寻找潜在客户的方法

寻找客户的方法很多，下面介绍几种常见的方法。

（1）地毯式访问法　每一个人都使用名片，但乔·吉拉德的做法与众不同：他到处递送名片，在餐馆就餐付账时，他要把名片夹在账单中；在运动场上，他把名片大把大把地抛向空中。

（2）广告拉引法　广告的目的就是通过信息传递刺激大多数人的消费欲望。在推销实践中，利用广告拉引法寻找客户获得成功的例子数不胜数。

（3）名人介绍法　利用名人效应提高企业与产品的知名度，以获得更多的客户。别克公司邀请著名高尔夫球选手老虎伍兹代言，张曼玉代言奥迪，李冰冰代言奔驰，丰田雅力士选择周杰伦、袁泉和陈坤三位当红明星代言，刘翔代言千里马，佟大为代言中华骏捷FRV 等。

（4）连锁介绍法　乔·吉拉德认为，干推销这一行，是需要别人帮助的。乔·吉拉德的很多生意都是由"猎犬"（那些会让别人到他那里买东西的客户）帮助的结果。乔·吉拉德的一句名言就是"买过我汽车的客户都会帮我推销。"

在生意成交之后，乔·吉拉德总会把一叠名片和"猎犬计划"的说明书交给客户。说明书上写明，如果客户介绍别人来买车，在成交之后，每辆车也会得到 25 美元的酬劳。几天之后，乔·吉拉德会寄给客户感谢卡和一叠名片，以后每年客户都会收到乔·吉拉德寄来的一封附有"猎犬计划"的信件，以提醒他乔·吉拉德的承诺仍然是有效的。如果乔·吉拉德发现客户是一位领导人物，那么，乔·吉拉德就会更加努力地促成交易并设法让其成为"猎犬"。实施"猎犬计划"的关键是守信用——一定要付给客户 25 美元。乔·吉拉德的原则是：宁可错付 50 个人，也不要漏掉一个该付的人。

"猎犬计划"使乔·吉拉德的收益很大。1976 年，"猎犬计划"给乔·吉拉德带来了 150 笔生意，约占总成交易额的三分之一。乔·吉拉德付出了 1400 美元的"猎犬"费用，收获了 75000 美元的佣金。

（5）资料查阅法　即销售人员通过查阅各种现有资料来寻找客户的方法。

（6）交叉合作　每一位销售人员都拥有一张强有力的人际关系网，作为某企业某种产品的推销员，同时又是其他众多行业、企业和众多产品的销售人员的客户。不同行业的销售人员不存在业务上的竞争，还可以相互学习和提供销售线索及机会。即使是同一行业的销售人员也有很多合作机会。

除上述介绍的方法以外，寻找准客户还有其他的一些方法，如从自己认识的人中发掘顾客，从有车族中寻找潜在客户、参观车展、委托寻找法、人际关系开发法、同类客户推移法等。

4. 潜在客户开发途径

（1）朋友和家庭成员　大多数销售顾问都是先从朋友和家庭成员开始进行销售的。朋友、家庭成员和熟人通常是一个很大的潜在客户群体。

（2）目前无销售顾问联系的特约店客户　这类客户是已从我们的特约店购买车辆的客户，但是，先前与其联系的销售顾问已经离职或以其他原因离开了特约店。

（3）维修客户　维修区通常有潜在的客户，千万不可忽视。

（4）互联网　许多潜在客户在光临特约店前都会先访问互联网。因此，需要确认客户可以联系的特约店网址或 E-mail 地址。

（5）高级会所　例如高尔夫俱乐部、健身俱乐部等场所，经常光顾这样场所的人很多都具备购买汽车的能力。

（6）先前的偶然光顾者　查阅特约店展厅销售记录，寻找光临特约店但未购买的客户。

（7）推荐的客户　我们可以从任何其他形式的联系中获得推荐的客户。我们所服务过的感到满意的客户能够推荐很好的潜在客户，我们所获得的每一位推荐客户都是另一个潜在客户。

（8）教育机构　与我们一起读过大学的同学。同时，也应考虑家庭成员的同学、孩子同班同学的父母等。

（9）企业　考虑经销区域内的当地企业，可能有愿意购买汽车的潜在客户。

（10）政府机构　购车进行公务活动的当地政府机构。

5. 管理潜在客户

在寻找和评估潜在客户的基础上，管理潜在客户就成为重要的工作环节。因为要努力将潜在客户作为实际销售对象，并努力让潜在客户不流失则需要较高的管理技巧。

销售人员可采用以下两种方式来管理潜在客户。

（1）分级管理　根据一定的标准把潜在客户划分为不同的等级，以便有计划、有重点地开展销售活动，取得最佳推销效果。

1）根据可能成交的时间分类。

2）按照客户购车意向的程度分类。

3）按照商谈次数进行分类。

（2）建立并管理潜在客户的档案　乔·吉拉德认为，推销员应该像一台机器，具有录音机和计算机的功能，在和客户交往过程中，应将客户所说的有用情况都记录下来，"所有这些资料都可以帮助你接近客户，使你能够有效地跟客户讨论问题，谈论他们自己感兴趣的话题。只要你有办法使客户心情舒畅，他们就不会让你大失所望。"

潜在客户资料卡的主要内容包括：公司名称、主要联系人的姓名和职务，主要联系人的个人信息（包括家庭信息、兴趣、爱好等）、电话和传真号码、地址，需要车辆车型及数量、特殊车型需要，以往联系结果和下次联系时间、以往交易等。

项目二 潜在客户开发

寻找与开发潜在客户是汽车销售工作的核心内容，没有客户就不存在销售。因此，每个销售员都要把寻找客户摆在工作的首位，利用一切可以利用的机会来增加自己的客户数量，同时维护好已有客户关系。只有拥有足够的客户积累，才能保证持续稳定的销售业绩。

【案例】

如某汽车销售人员的朋友也是汽车销售员，但两人不在同一家公司、不是销售同一品牌的汽车，那么他们二人就有合作的机会。当朋友接待的某一客户对其所销售的汽车不感兴趣，销售人员就可以让朋友把客户推荐到自己这里来。朋友可以这样对客户说："您对××车更感兴趣？正好我有个朋友在卖这款车，您可以去找他，或许对您能有所帮助……"

同样，一位新车销售人员与做二手车买卖的同行们也存在合作的可能性，当客户在二手车店找不到合适的车时，二手车销售人员可以这样说："既然二手车没有合适的，您可以去××店看看××车，我有个朋友在那儿做销售，他会给您提供力所能及的帮助的……"

分析：

客户在一位汽车销售人员这里买不到自己想要的汽车时，这位销售人员可以把这位客户介绍给另一位销售人员。这种交叉合作，对于另一位销售人员来说，也是寻找潜在客户的一种有效方法，销售人员之间都可以通用这种方法。

任务2
潜在客户推进

一、任务分析

在寻找到潜在客户后，稍不注意有可能又会丢失潜在客户，所以要继续推进，加强与潜在客户的关系，使其成为真正的客户。通过本任务的学习，就是要掌握潜在客户推进一般采用的方法。

二、任务学习

客户跟进的方式及策略通常有如下几种：

1. 发短信

短信的特点是既能及时有效传递信息，又不需要接收者当即做出回答，对接收者打扰很小，非常"含蓄"，更符合中国人的心理特点。发短信形式多样，有短信提醒、短信通知和短信问候。发短信的优势在于保证对方一定能收到，即"有效传播"。但是也很容易被不小心给删除。通过短信进行广告、营销，本身是一个正常合法的商业行为。这种发短信的方式价格便宜成本低廉效果不错。但是若使用不当，会造成客户反感被客户投诉。因此要掌握好度，既不宜太过频繁，使顾客感觉厌烦，也不要太过"冷落"，这样达不到应有的效果。

2. 打电话

打电话是为了获得更多的信息与客户的需求。打电话了解信息的同时也要为自己留下下次接触的机会。这就需要在打电话的同时向客户提出问题,并表示此次不能回答,等作了深入了解之后再给客户一个满意的答复。这既是负责任的表现,也是增加感情交流的好机会。我们在打电话进行跟进之前,要对客户进行初步的分析,对不同的疑问点,采取不同的话术。与短信跟进一样,打电话也要注意时机的把握,跟客户进行联络不能太过频繁,要把握好度。这个就要视情况决定了。

3. 发 E-mail

利用 E-mail 进行客户跟进和产品宣传,既节省了纸张,又迅速快捷,且附带内容多样化。文字、图片、动画、视屏电影,均可通过 E-mail 即时传递到客户面前。所见即所得,信息量大,目的性强,是一种快捷方便的跟进方式。在处理上均要求客户看到电子邮件之后给予回执,并及时电话通知客户邮件已发送,请客户查收,若没有收到,也可以再次发送,体现出一种敬业负责的精神。

4. 接听电话

对销售人员来讲,接听电话也是一门学问。客户主动来电,说明客户已经开始接受认可你了。在接听电话时,要注意接听电话礼仪,态度要热情,口气要和善,声音要洪亮,且认真对待。因为每一个未知来电,对我们而言都可能是客户打过来的,不要掉以轻心。对客户的询问,如果需要查找资料,最好先挂断电话,告之客户稍后再打过去。若有可能,将潜在客户的电话号码存在手机中,来电一看即知。

5. 发传真

利用传真进行客户跟进也不失为一种好方法。销售人员经常会接到客户的询问之后,要求传真一份参数给客户,让客户作基本了解。优秀的销售人员会认识到此时也是一种良好的跟进方式。复印清晰的参数表,明确的展厅线路图,车型的官方网站及相关论坛网址列表,个人详细的联络电话及名片放大复印图,无时无刻不忘记表现自己的专业服务。这样,体现出一种认真做事的态度,与众不同的处事方法,会给人留下深刻的印象。销售人员往往忽视这一点,客户要求发个参数表,就仅给客户复印参数表,一两张纸就传真过去,经常连个联系电话都没有,或者直接告诉客户网站上都有,直接上网查就行了,敷衍了事。我们不应该错过每一次跟客户打交道的机会。销售人员每一次跟客户接触,都要让客户感到我们是认真对待他的询问,我们是专业的,而且是敬业的。传真发出之后,要及时跟客户确认是否收全、有无遗漏、是否清晰、是否完整。这样往返,增加了交流的机会,双方了解也进一步加深。

6. 寄送邮件

寄送邮件——"月亮代表我的心",就是以实物为代表跟客户进行接触。邮递内容包括产品资料、车型目录、车辆参数、车主杂志、报纸媒体摘编,以及贺年卡、生日卡、祝福卡、小礼物、活动邀请函、参观券等。这些都是维系客户关系的一种渠道。这种方式自己掌握主动权,经常会给客户带来意想不到的惊喜,让客户眼前一亮。且通过邮递,可以把一些在电话中不方便说、展厅介绍来不及说的、也不能完全说的资料让客户一览无余。

7. 上门拜访

根据销售相关资料,上门拜访是成功率最高的一种客户跟进办法,但是成本相当昂贵。时间消耗久,包括乘车时间、等待客户的时间、洽谈的时间;费用开支大,交通费、停车费、通信费是一笔不小的开支;随机性、不确定性大,交通拥堵,客户不在,临时外出,无法掌控自己的时间,会谈时间也不便于控制,经常会打乱访问计划。但是若上门拜访会见顺利，就离成功不远了。上门拜访需要注意基本拜访礼节，注重自身形象，关注拜访对象，找好拜访理由，细心观察客户办公室摆设及风格，了解客户习惯，透过现象分析来往客户，查看公司实力。

8. 展厅约见

客户既然愿意预约来到展厅，表明他本人对此款车型已经有购买意愿。销售人员需要做好客户预约的相关准备：车辆的内外清洁，根据客户身高适当调节车座椅，还可以根据以往的交流估计出客户喜欢哪种风格的乐曲，准备好试音碟；想一想客户会提出哪些问题，以及合适的应对话术；销售人员还应就此客户的基本情况跟其上级主管作个详细的交代，以便双方配合默契。展厅约见的基本理由：有新车型到，有客户中意的颜色到，有新配置车型，邀请试乘试驾，店内促销活动邀请。只要有恰当的理由，客户若对此款车还存在需要，他会乐意前往的。根据先前跟客户跟进沟通的情况，判断客户目前处在何种购买阶段：初步了解—引起兴趣—车型比较—车辆异议—价格谈判—签约成交，做出不同阶段的应对方案。如客户再次约到展厅，他仍是处在车型比较阶段，那么销售人员谈话的重点就要多从车辆横向/纵向进行比较。如品牌影响力比较、车辆配置比较、动力比较、操控比较、空间舒适性比较、油耗比较等，以及服务态度比较、专业知识比较、零配件供应比较、维修及时率比较，进行SWOT分析，让客户明白各种车型的优劣，当然，比较重点仍是客户所关注的问题。

【案例】

熊生，约45岁，某品牌家具制造商，第一次来展厅开普拉多4000。

8月下旬，熊生携太太一行4人来到展厅，从谈话中得知，其目前需要购买一辆越野车，他们刚从对面奥迪展厅走出来就来到了我们这边，熊太太初看了路虎之后，当场就反对购买此车，认为方头方脑的，像个大货柜，太难看。熊生匆匆了解留下电话就离开了。期间通过近两个月的跟进，最终于10月中旬成交。

分析一：

客户熊生当天离开展厅大约1个小时后，我给客户发去了我的第一条短信："感谢您的到访，很高兴为您介绍路虎汽车，如有不周，请您多多包涵，这是我的电话，若有需要，请随时与我联系，一有最新情况，我会立刻通知您。××展厅×××。"通过这条短信，希望客户在离开展厅之后还能够记得起我这个销售人员，同时，通过发短信，也告之客户我自己的电话号码，客户若有意继续了解，就会把我的电话号码储存在其手机中，当客户需要时，翻出电话目录就能够马上找到我。这条短信目的在于起到广而告之的作用。

除正常联系外，期间还发了一条短信。当我9月底从其助手口中得知熊生将于10月初到新加坡出差，且时间也定好了就在2日中午。到了那天上午，天气不错，约10点左右，我给客户发出了我的短信："伴着早晨的阳光，送去我亲切的问候，××展厅×××祝您出行一切顺利，平安如意。"客户过了约一个小时左右（估计在去机场的路上），回复了短信："谢谢，买车一定找你！"

分析二：

客户熊生来展厅三天后，我给客户第一次打电话："熊总您好，我是××公司路虎汽车销售顾问×××，您上次来我展厅看车，我个人感觉您还是比较喜欢路虎汽车的，虽然您太太开始有点不喜欢，但是我觉得您太太是一个比较尊重您意见的人，您现在是不是有点左右为难？"通过电话交谈，我的初步判断还是没有错，熊生的确十分喜欢路虎，但是太太不太了解，所以无法接受外形。他们达成了一个初步的约定，若熊生买Q7，就没有什么意见，若买路虎，熊生就要给太太买个轿跑车。

此次沟通，重要的是，熊生让我把路虎更详细的资料传到他的E-mail，让我跟其助手裴生联系要E-mail地址，并告之了助手的电话（咱有内线啦，通过他了解到E-mail及公司所在地，也顺便问到了公司的传真号码）。

分析三：

根据客户熊生的要求，我整理了一套完整的资料，分三次给客户E-mail。包括文字：路虎车型历史、技术亮点、越野法宝；图片：路虎路演图片、车型对比图片、丛林越野图片；视屏：路演视屏、广告视屏。根据了解到的情况，其太太在帮熊生收发邮件时肯定也会看这些内容，也希望通过这些内容来影响其购买意向，加深熊生及太太对路虎的忠诚度。事实证明反应还是不错，熊生就在吃完饭后和家人一起欣赏那些照片的。

分析四：

到了9月中旬，离我第一次打电话给客户差不多一周了，客户熊生给我打来了电话。我一看来电显示：熊总路虎，清了下嗓子，立即接听来电："熊总您好!!"熊生一听，说："你怎么知道是我的电话？"答道："熊总的电话我存在手机里面了！这样才能更好为您服务啊！"熊生听了就笑了！此次沟通，了解到熊生已经说服了他老婆，自己也在考虑当中。随口又说道，可能做按揭，让我把购车的相关费用列个明细传到他办公室。又为下一次跟进打好了基础。

分析五：

根据客户熊生的要求，联络专业做按揭人员后，给客户发送了一份详细贷款购车按揭计划书，详细列明了相关费用，附带了贷款按揭购车流程图和贷款按揭购车要求列表，及按揭人员的联络电话，同时也不忘在每页留下自己的电话，注明第几页/总页数，什么步骤找什么人，什么时间交什么样的费用，让客户对此一目了然，一清二楚。

传真发出之后，跟熊总助手裴生电话联系，他说只收到5页，还差一页，传真没有纸了，要我过5分钟再传。经再次确认收到了全部传真且清晰完整。临挂电话我告诉他："若有任何疑问，欢迎随时打电话给我。"裴生笑说，"比较详细，估计用不着，让你费心了。"我心中当时一亮，从裴生先前透露出的信息，估计客户不会做按揭的。

分析六：

9月下旬，通过跟熊生助理的沟通，得知熊生想进一步了解路虎车辆的有关情况，于是，按照裴生提供的地址，给客户熊生寄了路虎的文字资料，包括两本路虎车主杂志、一篇路虎试驾报告、一份路虎车型对比资料，并给客户写了一封精美的祝福贺卡。

两天后，给裴生去了电话，快递收到了，转到熊总手中，听他说熊总随口说了句：这小子挺用心的。看得出，熊生对寄去的资料还是比较满意的。

分析七：

到10月上旬，得知客户已从新加坡回来，这几天正在深圳公司处理事务，于是决定去拜访他。快到他写字楼下时，打电话给熊生："熊总，我现正在您这附近办完客户的转款手续（找个借口），看时间还早，想拜访您一下，占用您几分钟时间。自从您上次到过展厅，虽然通了好多次电话，再也没有见过您呢！您今天方便吧！"客户一听我就在楼下，说，那就上来吧！到熊生写字楼一看，不错不错，装修得较有格调，办公家具一看就知道是知名品牌。且是中心区写字楼，卖价不低，心中大概就有数了，不会做按揭了。相谈甚欢，说等他喜欢的车型及颜色到了再通知他到展厅去看。为进一步展厅约见埋下伏笔了。

分析八：

10月中旬，熊生所希望购买的路虎绿色车到货，于是通知客户到展厅看车。经过近两个月的跟进，基本判断出客户若颜色满意，就会交款签约了。所以，特别重视此次的展厅洽谈，事先跟展厅经理作了沟通，判断出客户来展厅洽谈的焦点就是价格问题了，我们也估计到客户会出什么样的价格，以及我们如何分步骤应对。

熊生来到展厅后，看到车辆清洁得干干净净，试驾一圈之后，我们的问题马上转到了价格上来了。客户熊生当着我们的面拿出了放在其行李箱的90多万的现金。说："车看好了，就这辆，如果这个价格可以，这钱就马上交给你们，全款一次性交齐。不行，我还是去定Q7了。我也到其他店问过了，价格至少比你们低15000元。"情况果不其然，与我们预料得差不多，于是我们采取事先商量好的应对策略，几经往返作秀，经请示总经理之后，最后顺利成交。

任务3
客户维护与回访

一、任务分析

在找到客户后，我们很重要的一个工作就是要管理好销售员和客户的关系。那么在客户关系管理里面，主要涉及的就是客户的维护和回访。通过本任务的学习，同学们要掌握客户维护与回访的方法。

二、任务学习

1. 客户关系的维护

（1）确定目标客户、抓住关键人　　成功的汽车营销人员会记住用户的生日、用户家庭成员的生日以及他们的住址电话等。应像建立大客户资料一样，对重点单位关键人的各方面资料作统计、研究，分析喜好。

（2）真诚待人　　真诚才能将业务关系维持长久。同客户交往，一定要树立良好形象，

"以诚待人"，这是中华民族几千年来的古训。业务的洽谈、制作、售后服务等也都应从客户利益出发，以客户满意为目标调整工作，广泛征求客户意见，考虑其经济利益，处理客户运作中的难点问题，取得客户的信任，从而产生更深层次的合作。

(3) 业务以质量取胜　没有质量的业务是不能长久的。过硬的质量，是每项工作的前提。这要求充分理解客户需求，以良好的服务质量、业务水平满足客户，实现质量和企业利润的统一。

(4) 研究客户经营业务的发展动向　勤于钻研客户业务，才能另辟蹊径，找到客户发展和邮政业务的契合点，制造业务。

1) 研究重要客户、效益业务的年度计划。

2) 研究潜在客户的项目，寻求可合作内容。

(5) 加强业务以外的沟通，建立朋友关系　只有同客户建立良好的人际关系，才能博取信任，为业务良性发展奠定坚实的基础。

利用已有客户介绍是事半功倍的好方法之一。这就要求我们销售人员不但要卖好车，在卖的过程中让客户满意，还要继续做好细致的售后跟踪和优质服务，这样才能赢得客户对你长期的信任和友好，才会心甘情愿地帮你介绍新客户。

销售顾问在与客户交车的时候还可以尝试下面一个方法：事先准备好一些精美的"试乘试驾名片"，上面印有你的联系电话及可供试乘试驾的车型。交车时，你告诉客户："如果您的朋友看上了这款车要求试乘试驾的话，您可以把这张试乘试驾名片交给他，由我们给他提供试乘试驾服务，这样就可以避免您的新车被别人随便试驾体验了。"

2. 客户回访

(1) 客户回访目的

1) 通过客户回访能够准确掌握每一个客户的基本情况和动态。

2) 在对客户有详实了解的基础上，有针对性地对不同客户进行不同方法的维护与跟踪回访。

3) 了解客户需求，便于为客户提供更多、更优质的增值服务。

4) 发现自身存在的不足，及时改进提高。

5) 提高客户满意度。

(2) 客户回访方式

1) 客户回访有电话回访、电子邮件回访及当面回访等不同形式。从实际的操作效果看，电话回访结合当面回访是最有效的方式。

2) 按销售周期看，回访的方式主要有：

定期做回访。这样可以让客户感觉到贵单位的诚信与责任。定期回访的时间要有合理性。如以产品销售出一周、一个月、三个月、六个月……为时间段进行定期的电话回访。

提供了售后服务之后的回访，这样可以让客户感觉贵单位的专业化。特别是在回访时发现了问题，一定要及时给予解决。最好在当天或第二天到现场进行问题处理，将用户的抱怨消灭在最小的范围内。

例如：首先把个人购车和单位购车分开管理，个人用户依据购买意向：1周内购车、1个月内购车、3个月内购车、6个月内购车，分O、A、B、C级进行跟踪管理；对于单位购车客户依据其采购周期和平均的采购批量分A、B、C三级管理，A级是采购周期短和采购批量大的客户，B 级是采购周期短采购批量小的客户，C 级为采购周期长采购批量大的客户。

针对个人用户，O 级客户要 1 周回访两次，这类客户一般情况下已经看过并试过各个品牌的车辆，正在圈定的两三个车型之间进行比较并最终做出选择。如果我们的产品是被选车型，那么就了解其在哪里看的车、谁接待的，如果已经有其他的销售员正在跟踪回访就迅速放弃；如果其未把我们的产品列入被选车型，了解原因和客户的需求，要站在客户的立场上把我们的产品介绍给客户。A 级客户 1 周回访 1 次，B 级客户 1 月回访 2 次，C 级客户 2 月回访 1 次。

针对单位客户，回访时间不定期，要利用一些恰当的借口多次与客户接触，要能够获得客户的信任，建立朋友式的关系，最终能升华到兄弟般的情谊。A 级的客户是重中之重，销售员要充分利用一切社会关系，尽快建立与其的紧密联系；B 级和 C 级客户，要通过不断的接触，不断加强联系。同时，要注意回访的频率，不要给客户的工作带来不便，恰当地赠送一些小礼品能让其对你的好感倍增。

（3）回访中常见使用话术

1）您好！我是×××特约店的信息员，请问您是××先生/小姐吗？

2）您的车××月××日在本服务店进行维修/保养，我想将这次情况做个回访。请问您现在方便接电话吗？

方便，好的，耽搁您 2 分钟时间！

不方便，好的，那请问什么时候最适合打给您呢？（记下时间）不好意思打扰您，谢谢您，祝您用车愉快！再见！

3）对接待人员××在车辆方面的知识，您的满意程度如何？

4）经过您的描述后，接待人员对您需求的了解程度如何？

5）在车辆诊断方面，您相信工作人员可以正确诊断车辆故障，您的同意程度如何？

6）在维修前，接待人员对于将要进行服务内容的解释，您的满意程度如何？

7）在维修前，接待人员对于将要收取费用的解释（说明），您的满意程度如何？

8）维修保养后，接待人员对已进行服务项目的解释（说明），您的满意度如何？

9）维修保养后，接待人员对最终收取费用的解释，您的满意度如何？

10）谢谢您的回访！祝您用车愉快！再见！

【案例】

场景：李宇是金星客户特约维修中心的客户经理，在最近一段时间里，他通过电话回访进行客户满意度的调查。今天早上他一到公司，就开始了电话拜访。

"您好，请问是王刚先生吗？"

"我是，哪位？"

"您好，我是金星客车特约维修中心的客户经理，我叫李宇。"

"有事吗？"

"是这样，您是我们公司的老客户，为了能为您提供更好的服务，我现在在作一个客户满意度调查，想听取一下您的意见，您现在方便吗？"

"我现在不太方便。"

汽车销售实务

"噢，对不起，影响您工作了。"
"没有关系。"
"那您看您什么时候方便呢？到时再给您打过来。"
"噢，您中午再打吧。"
"噢，那不会影响您吃饭吗？"
"您十二点半打过来就可以了。"
"好的，那就十二点半打给您，谢谢您，再见。"

分析：

这次客户回访比较成功。在这里，李宇运用了一些技巧，先站在客户的角度思考问题，给客户留下了比较好的印象，在下次回访时肯定能得到预期的效果。

作业

1. 请根据下面案例，分析一下客户属于哪种开发途径？

徐涛与姚建云夫妇驾驶一辆雪佛兰乐驰，第一次来到展厅看车，销售顾问给两位老客户大体讲解了车辆信息，将车辆特性转化成客户利益。通过近20分钟的沟通交流，销售顾问了解到客户的个人信息，知道了谁是决策者？对客户进行售前回访。

第二次来展厅时他们说女儿比较喜欢新一代君威，准备交纳手续费的时候却出现了小插曲，客户因为同事说保险费用约7千多元又开始了犹豫。销售顾问给客户仔细分析了全保的益处，客户听了很满意，决定买下来。

徐先生看这位销售顾问服务态度很好，又耐心，很欣赏她，于是回去就给自己的亲朋好友推荐，大家看在徐先生的面子上，都去买她的车。这位销售顾问的销量突然猛增。

2. 根据潜在客户推进任务的学习，写一份实习报告。
3. 根据所授内容，模拟客户回访场景。
4. 练习常用客户回访术语。

# 项目三 需求分析

学习目标

- 掌握客户的类型
- 掌握需求分析冰山理论
- 掌握需求分析方法

技能要求

- 能判断客户类型，寻找不同客户类型的对应策略
- 能分析客户的显性动机和隐性动机
- 能够运用技巧对客户进行需求分析

任务1 判断客户类型

一、任务分析

客户有多种购买习惯，不同的客户出现在展厅时，作为销售人员要能够根据客户的特性运用不一样的策略来应对。通过本任务的学习，同学们要能够理解面对不同客户类型，销售人员常用的应对策略。

二、任务学习

尽管充分的准备可以帮助销售顾问在接待客户时获得自信和热情，但是请注意，由于客户的个性不同，他们的行为可能千变万化。在客户的接待过程中，根据客户的特点，调整接待方式是很重要的，这样就可以更好更快地、自然而然地赢得客户的信任。不过，客户的个性各不相同。销售顾问如何应对呢？这里我们作个简单分类，以正确的方式对不同类型的客

户作出反应。

1. 主导型的客户特点

1) 以自我为中心，时间观念较强，总力图支配周围的人和事。
2) 喜欢谈论他们自己，知道自己想要什么。
3) 喜欢发表自己的看法，不太注重细节。

销售人员策略：言辞简单、扼要，不要试图改变其想法，可在提高他品位方面多做文章。

2. 分析型的客户特点

1) 周密的思维、严谨的态度。
2) 善于捕捉产品性能方面的一些细节。
3) 非常关心产品的性价比。
4) 大多数内向，有时难以交流，爱挑剔。

销售人员策略：多出示一些相关的数据分析以证明产品的科学性及合理性，以满足他们追求完美的心态。

3. 交际型的客户特点

1) 个性直率、开朗，行为方面不拘小节。
2) 喜欢接触新事物，追求新潮流，购买新产品。
3) 更多将产品作为个人身份和品位的象征。
4) 喜欢得到别人的认同，对自己的目标有时会有点不确定。

销售人员策略：多一些产品操作展示活动，突出产品的新、奇、特几方面。在我们进行客户接待过程中，千万不要对任何客户进行先入为主的判断或分类。

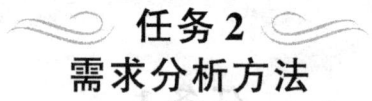

任务 2 需求分析方法

一、任务分析

每位来购车的客户需求都是不一样的，作为销售人员要能够很好地分析客户的真正需求，才能够对症下药，找到好的突破口，最终促成销售的成功。通过本任务的学习，同学们要能够掌握顾客的需求分析常用方法，学会去判断客户的真正需求。

二、任务学习

1. 为什么要进行需求分析

有的人会说，我卖车还管那么多干嘛。其实，你不管的这些地方正是现代营销和传统销售的区别。今天的销售是以客户为中心的顾问式销售，这是在当今竞争非常激烈的情况下被逼出来的，所以我们不能够再像以前那样的"黄瓜敲锣，一锤子买卖"，我们要给客户提供一款适合他的个性化需要的车型。正因为如此，我们要了解客户的购买动机，对他的需求进行分析。

项目三 需求分析

客户的个性化需求分析,是提升客户价值必须做的,也可以找到合适方法;但是,如果不去做客户的个性化需求,会使得客户的需求慢慢下降,甚至缩小你的客户范围。

2. 冰山理论——显性和隐性问题

分析客户需求的时候,涉及一个表面的问题和一个隐藏的问题,在我们的汽车销售流程理论里有这么一个说法,表面的现象称之为显性的问题,也叫做显性动机;还有一种是隐藏的问题,也叫做隐性的动机,冰山理论就是用来解释这个显性和隐性的问题。

冰山既有露在水面以上的部分,也有潜藏在水面以下的部分。水面以上的部分是显性的,就是客户自己知道的,能说出来的那一部分;水面以下的是隐藏的那一部分,这一部分比较复杂,可能有的客户自己都不知道自己真正的需求到底是什么。比如,某客户打算花10万块钱买车,可是自己都不知道要买什么样的车好,这个时候销售人员要解决他的问题,就是首先要了解他。既要了解他的显性问题,也要了解他的隐性问题,这样你才能正确分析客户的需要。

冰山理论说明了需求背后的理性和感性需求。理性需求包括商业利润、省钱、法律保障等;感性需求包括自豪、名气、安全、乐趣、健康、激情、忠实、传统等。

理性动机一般是顾客愿意说的,而感性动机不一样,除非建立了顾客的信任,他才肯说出来。例如,客户打算买一批汽车,可是不知道买什么型号的车好,这个时候销售人员要解决他的问题,就要先去了解他,既要了解他的显性问题,也要了解他的隐性问题,这样才能正确的分析客户的需要。

3. 需求分析的方法

发现客户的理性购买需求可能比较容易。假如客户对你不信任,他们是不会和你谈论他/她的感性需求的。这就需要我们销售人员掌握提问和倾听的技巧,来挖掘客户的真正需求。

(1) 提问

1) 开放式提问和封闭式提问。开放式提问的目的是用来收集信息,用"谁、什么、何时、何地、为什么、如何"等字句来进行提问。开放式提问可以帮助客户打开话匣子,谈论他/她的情况以及工作生活和生活需求。显而易见,这些话题可以帮助销售顾问判断客户的真正需求,也可以拉近双方的距离。请注意,当客户在谈论的时候,千万不要打断他/她。

封闭式提问的目的是用来确认信息,从逻辑上来说,此类问题可以用"是"或"不是"来回答。封闭式提问对于确认、澄清客户需求是非常有用的,它同时也可以帮助销售顾问获取反馈信息,发现客户的购买动机。

例如,销售人员:先生您是想买两厢型还是三厢型轿车?

……

销售人员:先生您对我们这哪一款车型感兴趣呢?

……

2) 提问的顺序

① 一般性问题。问过去的问题,了解购买动机。参考过去的经验,通过过去顾客的经验确定现在的情况(顾客想要什么?)。如"您过去开过什么车?"

② 确定性问题。问现在的问题,了解购买需求。了解原因,需求背后的理性动机和感

性动机。如"您现在希望买一台什么样的车？"

③ 联系性问题。问将来的问题，了解购买标准。把顾客的需求和产品的特性利益联系起来，让顾客知道产品的特性利益和他的需求挂钩。这样建立了顾客的信心，让顾客了解了价值，如"您觉得2.0升的发动机怎样？"

(2) 倾听　听也很讲究，你会不会听，你自己没感觉，客户知道。如果你在很好地听他讲，客户认为你很尊重他；如果客户在讲，你三心二意，客户会认为你不尊重他。我们的目的就是要让客户尽快地购买，所以每一个环节都要处理好，其中之一就是要会倾听。

1) 听的类型：有两种。

主动地听：客户要买车，他需要什么样的车，有什么样的顾虑，有什么样的要求，他都想告诉销售人员，让销售人员给他参谋。可是当他发现你没有仔细听他讲，那个时候他就会心生不满，后果可想而知。

被动地听：人们会主动去听与自己切身利益有关的信息，还有一种是被动地听，被动地听实际上是一种假象，例如很多单位领导在台上讲话，员工就在下面装听，这就是被动的听。

例如，我们一般遇到过这种情况，大家在一起谈业务，你在说时，对方跟着你说话的内容点头或说"是"，这个时候你会感觉他在听；可是当你讲完的时候，他睁大眼睛问你：你刚才说什么？那就说明他心不在焉，他表面上装作在听，但是一旦让他表态的时候，他不知道你刚才说了什么。

2) 听的方法：销售人员在了解客户的需求，认真倾听的过程中还要注意一些方法。

第一：注意与客户的距离。

有的客户很敏感，人与人之间的距离也是很微妙的，那么什么距离客户才会有安全感呢？当一个人的视线能够看到一个完完整整的人，上面能看到头部，下面能看到脚，这个人感觉是安全的。

心理学里面基本的安全感是出自这个角度。如果说你与客户谈话时，双方还没有取得信任，马上走得很近，对方会有一种自然的抗拒、抵触心理。在心理学里边曾经有过这样的案例，当一个人对另一个人反感的时候，他连对方身体散发出来的味道都讨厌，当这个人对对方有好感的时候，他会很乐于与你沟通。

第二：注意与客户交流的技巧

首先，认同对方的观点。

销售人员要认同对方的观点，不管对方是否正确，只要与买车没有什么原则上的冲突，你就没有必要去否定他。他可以说："对，您说的有道理。"同时还要点头、微笑、还要说"是"。这样客户才会感觉到你的和蔼可亲，特别是有三个字要经常挂在嘴边，"那是啊"。这三个字说出来，能让对方在心理上感觉非常轻松，感觉到你很认同他。

其次，善于应用心理学。

作为销售人员，掌握心理学是非常重要的。从心理学的角度讲，两个人要想成为朋友，一个人会把自己心里的秘密告诉另一个人，达到这种熟悉程度需要多少时间呢？权威机构在世界范围内调查的结果是，最少需要一个月。

再看看我们的周围，我们都有第一次进入新公司的经历。作为新员工和老员工的交流、熟悉，即使天天在一起上班，能够达到互相把自己内心的一些秘密告诉对方所需要的时间可

项目三 需求分析

能也不止一个月。我们与客户之间的关系要想在客户在店里来的短短几十分钟里确立巩固，显然是很不容易的。在这种情况下销售人员要赢得客户，不仅是技巧的问题，还应适当掌握心理学的知识。

运用心理学进行销售时，我们要遵循以客户为中心的顾问式销售原则，对客户的需求进行分析，本着对客户的购买负责任的态度，给客户提供一款适合客户需求的汽车，绝不能运用心理学欺骗客户。

【案例一】

个人爱好与实际需求

有一天，一位客户到某专营店来买车，他在展厅里仔细地看了一款多功能的SUV车，该公司的销售人员热情地接待了他，并且对这位客户感兴趣的问题也做了详细的介绍，之后，这位客户很爽快地说马上就买。他接着还说，之所以想买这款SUV车是因为他特别喜欢郊游，喜欢出去钓鱼，很早以前他就一直想这么做，只是因为工作忙，没时间，现在他自己开了一家公司，已经经营一段时间了，总的来说还处于发展阶段，现在攒了一点钱，想改善一下生活质量。

当时客户和销售人员谈的气氛比较融洽，要是按照以前的做法，销售人员不会多说，直接签合同，交定金，这个销售活动就结束了，但是这名销售人员没这么简单地下定论，他继续与这个客户聊，通过了解客户的行业他发现了一个问题。

这位客户是做工程的，他业务的来源是她的一位客户。他的客户一到这个地方来他就去接她，而跟他一起接她的客户的还有他的一个竞争对手。这位客户过去没车，而他的竞争对手有一辆北京吉普——切诺基，人家开着车去接，而他只能找辆干净一点的出租车去接，他的想法是不管接到接不到，一定要表示自己的诚意，结果每次来，他的客户都上了他这辆出租车，而没坐那辆切诺基。这位客户并不知道其中的原因。但这名销售人员感觉到这里肯定有问题，销售人员就帮助这位客户分析为什么他的客户总是上他的出租车，而不上竞争对手的切诺基。

销售人员问："是因为您的客户对你们两个人厚此薄彼吗？"

他说："不是的，有时候我的客户给竞争对手的工程比给我的还多，有的时候给他的是肉，给我的是骨头。"

这名销售人员分析以后发现，他那位客户尽管是一视同仁，但实际上他有一种虚荣心，不喜欢坐吉普车而喜欢坐轿车，出租车毕竟是轿车。于是这位销售人员就把这种想法分析给这位客户听。

销售员说："我认为，您现在买这辆SUV车不合适，您的客户来了以后，一辆切诺基，一辆SUV，上哪个车脸上都挂不住，到那个时候万一您的客户自己打的走了，怎么办？以前一个是吉普，一个是出租，他会有这种感觉，毕竟出租是轿车。"

这位客户想想有道理，然后这名销售人员又给他分析，说："我认为根据您的这个情况，您现在还不能够买SUV，您买SUV是在消费，因为您买这辆车只是满足了您的个人爱好，对您的工作没什么帮助，我建议您现在还是进行投资比较好，SUV的价格在18万到20万之间，在这种情况下我建议您还是花同样多的钱去买一辆轿车，您用新买的轿车去接您的朋友和客户，那不是更好吗？"

这位客户越听越有道理,他说:"好吧,我听你的。"他之所以听从销售人员的建议,是因为从客户的角度来讲,销售人员不是眼睛只看着客户口袋里的钱,而是在为客户着想。他说:"我做了这么多年的业务了,都是人家骗我的钱,我还没遇到过一个我买车他不卖给我,而给我介绍另外一款车的情况,还跟我说买这款车是投资,买那款车是消费,把利害关系分析给我听,这个买卖的决定权在我,我觉得你分析得有道理,确实是这种情况,按照我现在公司的水平还不具备那种消费水平。"于是他听从这名销售人员的建议,买了一款同等价位的轿车,很开心地开走了。

在开走之前,那位客户对销售人员说:"我差点就买了一辆我不需要的车,白花了这20万。"他一口一个谢字。

这名销售人员很会说话:"先生,您不用对我客气,您要是谢我的话,就多介绍几个朋友来我这买车,这就是对我最大的感谢。"

这位客户说:"你放心,我一定会帮你介绍的。"

果然,没过多长时间,他亲自开车带了一个朋友来找那位销售人员,经过介绍,大家一聊,销售人员不是问买什么车,而是问买什么样的车,买车做什么用,是从事哪个行业的,这几个问题一问,客户觉得这名销售人员很会为客户着想,于是又在这儿买了一辆车。

这位销售人员还是用同样的方法跟他说:"您买了这辆车以后,如果觉得好就给我在外边多宣传,多美言两句。"

那位客户说:"好,我们王兄就是在你这儿买的车,我就是他介绍来的。现在我也很满意,我也会给你介绍的。"下面肯定也会有这样的事情发生,因为那位客户也有社交圈。

半年以后,第一位客户又来找这名销售人员,他说:"我找你是来圆我那个心愿的。"

这名销售人员一听就乐了,他是来买那辆SUV的。

以客户为中心的顾问式销售使这位销售人员在半年之内卖了三辆车。

分析:

如果汽车公司都像以前那样只做一锤子买卖,客户可能当时购买了回去,回去以后发现不对,就再也不会上门购买了,也不会介绍他的朋友前来购买了。所以学习汽车销售的流程和规范,目的就是要解决这些问题,就是要把握客户的满意度,就是要与客户成为朋友,拉近与客户的距离,取得客户的信任,这样客户再次买车的时候就还会来找你。

【案例二】

某汽车公司的销售人员小赵正在接待一个女客户,这位女客户与他谈得非常愉快,谈着谈着就到了定金先付多少这个话题上了,这位客户说:"我看看我包里带了多少钱,如果带得多我就多付点,少我就少付点,我凑凑看,能凑两万我就把两万块全付了。"

这位客户一边打开包,整理钱,一边说话。因为这件事情基本上定下来了,她很开心,就把她家里的事情说出来了,主要是她儿子考上大学的事情。而这名销售人员在旁边一句没听进去。

这时又过来一名销售人员,就问他:"小赵,昨天晚上的那场足球赛你看了没有?"

小赵也是个球迷,这两个人就开始在那里聊起昨天晚上的那场足球赛了,把客户晾在了一边,这位女客户愣了一会儿,把拉链一拉,掉头走了。

小赵感觉不对劲，他说："这位女士，刚才不是说要签合同的吗？"

这位女客户一边走一边说："我还要再考虑考虑。"

他说："那大概您什么时候过来啊？"

"大概下午吧。"他也没办法，只能看着她走了。

到了下午三点钟，这位客户还没来，他一个电话拨过去，接电话的人说："你要找我们总经理呀，你就是上午接待我们杨总的那位销售人员吧。"

销售人员就说："是呀，她说好下午要来的。"

对方说："我是上午送杨总过去的驾驶员，你就别想了，我们老板不会在你那儿买车了。"

小赵问："为什么呀？"

对方说："为什么你不知道啊，我坐在旁边都替你着急，我告诉你，我们杨总她儿子考上名牌大学了。她不仅在我们公司这么讲，只要一开心她见谁跟谁说。而你在那边聊足球，把她晾到旁边了，你没发现这个问题吧？"

这名销售人员听了之后就傻了，煮熟的鸭子飞了，所以倾听是有很多学问在里边的。

分析：

在实际销售中，销售人员一定要能够主动倾听顾客的一些要求和想法，要能够了解客户的需求和疑难问题，帮助客户解决，这样才能最终赢得客户的信任，完成交易的成功。

【案例三】

一天，某客户来店后一直在查看一辆车，看完后，这位客户说："这一款车的轮毂好像比其他的要大一些。"

这个时候你就要抓住机会美言几句。因为现在轿车的发展方向都是大轮毂。大家从车展上可以看出，从2003年的广州车展、北京车展上都能看到，一些新推出的车型都是大轮毂，轮胎与地面的接触距离很短，所以这是一种潮流，一种趋势。

销售人员可以说："哎呀，您真是观察得很仔细啊。"

这样一说客户会很高兴，这个时候客户还会说："我听说大轮毂一般都是高档轿车，甚至是运动型的跑车才会配备。"

而这个时候销售人员又可以美言几句了："哎呀，你真不愧是一个专家啊！我们有很多销售人员还真的不如你啊！"

分析：

通过这两次赞美，客户彻底消除了疑虑，这个时候就很容易拉近彼此间的距离，与客户越谈越融洽，就能顺利地进入销售的下一环节。在与客户交流中，可以通过认同对方观点来赢得客户的好感和信任，促成交易完成。

情境实训

应用 M-MS 汽车企业经营模拟教学软件开展情境综合实训（具体展开形式参见汽车营销一体化情境实训指导手册）。

作业

1. 思考：假设现在有三个人邀约来4S店买车，分别是这三种类型中间的一种，作为销售人员，你该如何应对他才是最佳策略？

2. 根据所学内容，写份需求分析实习报告。

3. 模拟销售员倾听顾客买车过程中的语言场景。

项目四　车辆介绍

学习目标

- 了解汽车六方位及各性能展示的含义
- 掌握汽车六方位及每个方位的介绍要点
- 掌握汽车性能展示的方法

技能要求

- 能熟练进行汽车六方位介绍
- 能根据客户的需求进行汽车各性能展示

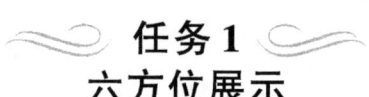

任务1
六方位展示

一、任务分析

汽车六方位展示法，即六方位绕车介绍法，是指汽车销售人员在向客户介绍汽车的过程中，销售人员围绕汽车的车前方、驾驶室、前乘客侧、车后方、车内部、发动机舱六个方位展示汽车。

六方位绕车介绍，是一个比较规范化的汽车产品展示流程。据说最早被奔驰汽车采用，后来被日本丰田汽车的"雷克萨斯"品牌采用并进一步完善到今天。作为一名优秀的汽车营销人员，必须熟练掌握六方位绕车介绍法。

六方位绕车介绍目的：将产品的优势与用户的需求相结合，在产品层面上建立起用户的信心。

二、任务学习

1. 绕车前的准备工作

1）方向盘调整至最高位置。
2）确认所有座椅都调整回垂直位置。
3）钥匙放在随时可取放的地方。
4）驾驶人座椅适量后移。
5）前排乘客座椅适量后移。
6）座椅的高度调整至最低的水平。
7）收音机选台，磁带、CD的准备。
8）车辆的清洁。
9）确保蓄电池有电。

2. 绕车介绍

绕车的方法有几种，但主要介绍的方位大致有以下几个：

（1）左前方45度　汽车销售人员面向客户，左手引导客户参观汽车。这个方位是客户比较感兴趣的地方，这里的内容也最为丰富，客户可以仔细地观察汽车的标志、前车灯、挡风窗玻璃以及车头的整体设计。每一款车的造型都有它与众不同的地方，如流畅明快的发动机盖线条、活泼俏皮的车灯、威武大气的保险杠等。不过，在这时，向客户讲太多的技术参数是没有用的，汽车销售人员应该向客户描绘出一幅幅充满诱惑性的画面，比如辽阔的草原、惬意的晚风、银滩彩霞、浪漫海滨、温馨的二人世界或者野性十足的戈壁、奋蹄奔跑的羚羊、魂牵梦绕的大漠驼铃……让客户爱上你的车，就以此为始点。

特点：最有利于看清车辆特征的角度，通常可以在这个位置向顾客做产品概述。

介绍重点：外部造型特征、车标（如配备）、车身尺寸、轴距、天窗（如配备）、风窗玻璃设计、前刮水器设计、发动机盖、进气格栅、前照灯总成、前雾灯总成、前保险杠设计、车头下方的通过护板（如配备）。

例：风阻系数、车身尺寸、车辆标志、车辆线条、制造工艺、车身颜色、保险杠、轮毂、后视镜、轴距、前照灯等。

（2）驾驶室　客户观察了汽车的外形、查看了汽车的内饰，了解了汽车的部分性能，那么接下来，汽车销售人员就要告诉客户驾驶的乐趣和操作的基本方法。此时，汽车销售人员可以打开车门，邀请客户坐进驾驶室，一边展示汽车的各种功能，一边引导客户操作。介绍的内容包括座椅的调节、方向盘的调控、前窗视野、腿部空间、安全气囊、制动系统及空调音响等。但是，汽车销售人员需要牢记，驾驶室并非汽车展示的终点，要带领客户检查发动机。作为汽车的心脏，发动机的性能和油耗也是很多客户考虑的重点之一。

特点：询问顾客有什么问题，鼓励顾客打开车门坐进驾驶室，帮助顾客试坐调整座椅。

介绍重点：车身流线、风阻系数、悬架系统、制动系统、减振系统、驾驶人侧车门、座椅材质及功能、仪表等介绍。

例：方向盘、电动窗、中控门锁、安全带、座椅、防盗系统和离合器等。

（3）后部　汽车销售人员引领客户站立在距离轿车约60厘米的地方，从行李箱开始，依次介绍高位制动灯、后风窗加热装置、后组合尾灯、尾气排放、燃油系统。随着自驾游的日趋增多，很多客户对行李箱的要求也越来越高，因此汽车销售人员一定要掀开备胎和工具箱外盖进行简略介绍。由于客户刚刚走过汽车左侧的时候过于关注体验，或许忽略了一些问题。这时汽车销售人员要征求客户的意见，在给他们全面地介绍后仔细地答复。

尽管汽车的正后方是一个过渡的位置，但是，汽车的许多附加功能可以在这里介绍，如后排座椅的易拆性、后门开启的方便性、存放物体的容积大小、汽车的尾翼、后窗刮水器、备胎的位置设计、尾灯的独特造型等。

特点：可以突出尾灯和保险杠，汽车的排放也可以在这里介绍。

介绍重点：车尾部设计、高位制动灯、后风窗、后窗刮水器（如配备）、车尾标识、行李箱开启方式、后尾灯、后保险杠、倒车雷达（如配备）、行李箱容积、备胎、随车工具（如配备）停车警示牌、提示标识、音响装备（如配备）。

例：大面积尾灯、一体式后保险杠、天线、行李箱等。

（4）行李箱

特点：可以介绍储物空间、随车工具、千斤顶和警示牌。

介绍重点：储物空间尺寸、储物空间壁材料、随车工具、千斤顶、警示牌等。

例：更低的开口，更大的空间等。

（5）发动机室　介绍发动机时，势必涉及一些专业的数据，汽车销售人员可以根据客户类型分别对待，对于一些中老年客户或者一些对汽车并不是很了解的客户，只需简单向他们说明发动机的原产地、油耗等基本资料；当遇到一些汽车发烧友，或者年轻客户时，则需要在征询他们同意之后，引领客户站在车头前缘偏右侧，打开发动机盖，依次向他们详细介绍发动机舱盖的吸能性、降噪性、发动机布置形式、防护底板、发动机技术特点、发动机信号控制系统以及发动机的基本参数，包括发动机缸数、气缸的排列形式、气门、排量、最高输出功率、最大转矩等。绕车走一圈，看似简单，其实却大有学问，很能考验汽车销售人员的推销技术，但只要在大体上介绍清楚这几点，一定能给客户留下深刻的印象。当然，任何技术性的沟通都比不上设身处地满足客户的需求，因此，汽车销售人员始终不能忘记将汽车的特点与客户的需求相结合。

特点：介绍车身和风格的好地方。

介绍重点：发动机盖设计（外观、开启位置、开启方式、重量、隔热隔音护板）、发动机舱布局介绍、发动机技术、变速器技术、制动系统简单说明、空气滤清器、散热器护板、醒目标识、铭牌讲解。

例：发动机排量、油耗、结构性能、参数、变速器、发动机底座、碰撞吸能区、前保险杠、发动机管理系统、ABS、发动机布置形式等。

例：综合现在科技的设计。

（6）车辆内部

特点：这是介绍客户比较感兴趣的、与顾客息息相关的、最能体现其舒适性和操控性的环节。

介绍重点：内饰风格、颜色搭配、方向盘局部设计、仪表台设计、前排安全气囊、安全带、前风窗设计、内后视镜、中控面板、高科技配备、变速器、手制动装置、储物盒、人性化设计等。

例：仪表板、安全气囊、空调、内饰、音响、内后视镜、方向盘、头枕、离合器、腿部空间等。

（7）前乘客侧　经过前面几个方位的介绍，客户已经对汽车具有一定的认识，此时汽车销售人员应该适时争取客户参与谈话的机会，邀请他们打开车门、触摸车窗、观察轮胎，并邀请他们坐到乘客的位置。在此过程中，汽车销售人员要做到"眼中有活"，细致观察客户的反应，认真回答客户的问题，力图激起客户购车的热情。需要注意的是，汽车销售人员要懂得"适当的沉默"，不要传递一些非正式的信息给客户，以免误导，给他们留下反面印象。

特点：这是可以向顾客介绍车辆高科技配置及车辆线条等的机会。

介绍重点：轮胎、轮毂、外侧反光镜、门把手、ABC柱设计、车身饰条、三角窗、燃油箱开启方式及容积，还可介绍悬架系统或制动系统。

3. 特性利益法——FBI

Feature：车辆的配备和性能。

Benefit：能带给客户的好处和利益，满足客户需求。

Impact：视觉、感觉冲击。

六方位无论是哪个方位，都要讲的是三点：配置、优势、对客户的好处。这三点缺一不可，因为每一点都和特色有关。

【案例一】

以轩逸为例，进行简单的介绍，也便于更好的介绍出轩逸这一品牌车的特色。绕车介绍顺序：车前方—驾驶人侧—车后座—车后方—发动机室—前乘客侧。

分析：

1. 车前方

轩逸车是S-动态曲线设计，优势在于它令人愉悦的精致外部线条给人一种豪华感觉，对客户的好处是保证充足的头部空间。流畅的车身线条，既有力量感又不失美观；高腰线的设计，使整车看起来具有高档车的视觉效果。宝石般极具豪华感的前照灯，AFS智能转向辅助照明系统和大型氙气前照灯，既美观又保证夜间驾驶和转向时的良好视线。氙气灯亮度高寿命长又省电，AFS可以在夜间转向时增加照明区域，保障行车安全。采用区域式高强度车身结构，车身门框上配置了大型加强筋材料，提高了车舱的横向强度。车门加强筋，车门防入侵结构，使得车身具有在发生冲撞时能分散冲撞力并传给车舱。对车门以及车内饰、功能件布置精益求精，提高了车门吸收能量的性能，减轻了二次冲撞时乘客所受的冲击，通过变形吸收受到的外力保证车内成员的安全。

2. 驾驶人侧

智能钥匙系统，优势是无需插入钥匙，即可实现一般遥控钥匙的全部功能。只需携带智能钥匙，无需取出钥匙就可以实现车门的上锁解锁，打开行李箱，起动发动机等功能，且还有防盗和座椅记忆存储功能，给驾驶者带来极大的便利。采用冲击感应式车门，当感应到有碰撞时，所有车门将自动解锁。自动开锁方便发生碰撞后车内人员的逃生，也便于车外人员的营救，尊重全车乘客的生命安全，充满先进的全面防范意识。

3. 车后座

同级车中最大的后排腿部空间，后排座位到前排的空间可以达到680毫米，为同级车中最大的，适合长途驾驶。拥有豪华宽大的座椅，所有座椅的座垫、靠背均采用加厚处理，坐上去像家里的沙发一样，给人轻松，舒服的感觉。后座扶手可以打开，与行李箱相通。取小件物品更加方便，同时也便于存放细长的物品。倒车便利设计，新增的侧窗帮助扩大驾驶者的视野，能够看到车侧的情况，增加了安全性，汽车入库时，也能很好地看到两旁的车和墙等。

4. 车后方

车身后部外形，优势是收紧的后部车身给人一种典雅的感觉，更加美观时尚；宽大的后尾灯使车身看起来更加宽大，宽大的尾灯配合收紧的车身尾部线条，使整车看起来精神焕发；达到了欧Ⅳ排放标准，是目前最高的标准，既保护了环境，同时因采用大量新技术，还降低了油耗；是同级车最大的后行李箱，宽大的后行李箱可以容纳两个最大型号的平提行李箱和一个中型的平提行李箱。可以轻松装载日常用品和远行的行李。

5. 发动机室

MR20发动机是全新的2.0升全铝合金发动机。它采用了大量新技术，使发动机性能得到大幅度提升，而且反应迅捷，加速顺畅持久，实现了同级车中最低的油耗，达到了欧Ⅳ排放标准和V型发动机的振动水平。发动机大幅提高了日常驾驶最常用的中低速转矩，并匹配变速反应灵敏并可根据驾驶者意图随时切换到最佳变速比的CVT变速器，因此兼备低油耗、高动力的顶级性能，可以享受到快速而强劲的加速性能，还可以实现更好的燃油经济性。真圆加工工艺，F1赛车所采用的技术，日产在全球首次用于民用车上。好处是减少发动机磨损，延长使用寿命，减少摩擦阻力，提高发动机动力。日产率先采用的发动机技术——曲轴偏置，比普通发动机效率更高，同时提高了功率和转矩，降低了油耗。

6. 前乘客侧

多功能中央扶手，8种功能，好处是功能齐全，设计合理，日常生活中使用到的物品均

能很好的存放，使用十分方便；具有多种使用方法的10升超大型储物箱。空间大得可以分类装下大部分日常物品。

【案例二】

以东风的CR-V六方位绕车介绍为例子。

绕车介绍顺序：车前方—驾驶人侧—车后座—车后方—车侧方—发动机室。

分析：

1. 车前方

展现在您面前的是CR-V大气的外形，流畅的曲线，显得非常俊朗、清秀。令人难忘的圆润前脸造型稳重、大方，配合大坡度的设计，给人美感的同时又有效地降低了行驶时的风阻力，大大提高了燃油经济性；配上本田大尺寸的镀铬格栅和标志设计简洁明快，体现了驾车者的尊贵身份以及品位。两侧超大晶钻组合前照灯，亮度超强，配多角度反射曲面，照射范围宽广，给你提供充足的路面信息，夜间驾驶也能轻松掌握前方路况。宽大的前保险杠和车身保护，外形美观大方，使得整个线条更加圆润饱满。内附防撞钢梁，结构坚固，可有效抵御前方意外磕碰。下部内嵌式水晶雾灯，浓雾穿透力强。广角式多反射曲面，照射范围宽广，在雾天行驶时更安全。新款2.4AT/MTCR-V增加了发动机下护板，提高了通过性且非常实用。

2. 驾驶人侧

下面让我们一起到车的驾驶室看一下，CR-V四车门均可大角度开启，这样极大方便了驾驶人上下。您看，新款CR-V在原有的基础上，室内空间感更大，非常宽敞，无压抑感。轿车双色室内设计风格，是目前国际比较流行的色彩，营造一种温馨的家居气氛。内饰都采用了防火阻燃材料，不但经久耐用，而且不易燃烧，非常安全。方向盘高度可自动调节，并带有音箱控制键，免去了您在驾驶过程中用手调音调台的麻烦，提高了您的驾车安全性。同时2.4升的还配有巡航定速键，当您在长途行驶时，设定速度，松开加速踏板，让您的脚踝也可得到轻松，同时也节省了燃油。新款CR-V采用的是自发光式仪表板，上配有外部温度显示、前照灯开启提醒和发动机防盗工作指示以及瞬间油耗量显示。仪表板位于驾驶人自然视线的中心位置，这就更加符合人体工程学的原理，有效缩短了视线上下移动的距离，给驾驶人一个宽广安全的驾驶空间。设在中控台上的AT皮革变速杆操作方便，档位清晰，并增加了D3超速档，瞬时提速非常顺畅、平稳，减少了冲击感，更加提高了您驾驶的乐趣，变速器为5速（2.0升为4速）自动排档。目前新增配有2.0/2.4MT，变速器更为紧凑化，从而使布局更为合理，反映更快捷、灵敏，同时也降低了燃油的经济性，下方配有驻车制动，它的独特位置设计为驾驶室节省了更大的空间，操作起来很方便。音箱方面配有AM/FM双声道收放机、磁带播放机以及6碟连放CD机，外形美观，操纵方便，自动吸入设计换片轻松自如，配上6扬声器，各音域俱佳，让您置身于音乐厅的感受。下方配有全自动空调调节装置，双向180度全角度出风口设计配合高性能斜坡式压缩机运转阻力低、效率高。双SRS安全气囊范围超大配上预紧的三点式安全带，为您的安全又增加了一份保险。您的上方设有顶置的眼镜盒，方便存取节省空间。旁边是地图阅读灯以及两侧豪华型遮阳板，内设有化妆镜，顶部的电动可开启天窗为您营造美好光线的同时也净化了室内空气。座椅是采用的人体工程学设计，配有上下调节装置，同时可以前后拉动，使您的坐姿更为正确。2.4升的为真皮座椅，两前座并带电加热功能，人性化的关怀让您在长途驾驶时得到更贴心的服务，两前座椅设有中央扶手，让您手臂得到轻松的同时给了您身体安全的固定点和支撑点，提高了您的安全感。下设有可折叠杯架托盘，轿车级的配置即节省了空间又可让前后排穿行更加方便。两侧的储物盒及前座椅下的储物盒多样、方便，实用的储物空间设计，体现了对驾驶人的关爱。四门的车窗均采用电动控制，室内操作非常方便，驾驶人侧的车窗采用一触式的设计，轻轻一按，玻璃自动下降到底，省心省力并带防夹功能，更好地体现了本田人性化的关怀。门锁为中央控制，并带有15秒的二次自动上锁功能，这样的设计可以避免在误操作之后打开车门造成车内物品的丢失和车辆失窃。新CR-V还配有最为先进的防盗报警系统，发动机防盗锁止系统，一体式电控遥控钥匙，让您放心方便休闲。此外，车内钥匙带有智能芯片，当钥匙插入点火开关后，通过发动机的ECU密码认证，能够防止钥匙被复制导致车辆被盗，这样让CR-V拥有了主动防盗能力。在驾驶座下方另设有油箱盖以及行李箱后风窗的控制开关，您只要在驾驶室内就可以轻松打开，避免了频繁上下车的琐碎动作。

3. 车后座

新款CR-V的后座空间也是相当宽大的60/40可分开式折叠滑动座椅配有可上下调节的头枕，在您疲劳时仰卧其中的感觉也是相当舒适的，座椅可前后翻动，节省了空间。中央设有带杯架的扶手，让您的手臂得到轻松，为了获得与前排乘客同样的安全保障，CR-V的后排座椅的两侧均配备了三点式安全带，另外在中间配备了一个两点式安全带，坐在后面您也可以安全无忧享受CR-V带给您的温馨与舒适。此外CR-V两个后门还专门配备了儿童安全锁，这样就可以消除了后排乘坐儿童时车门不经意的开启造成的伤害，让您的孩子可以在车内尽情玩耍而您在前方也可以专心驾驶丝毫不必分心。全车采用了绿色隔热防紫外线玻璃，既能够有效的抵挡车外热量的侵入又能阻挡86%以上的紫外线，确保了车内乘坐环境的舒适性。

4. 车后方

新款CR-V的尾部造型是典型的SUV车型设计，造型粗犷充满了越野风格，配上超大型直立组合后尾灯且设计位置较高，有利地保持了与后面车辆的距离，减少了追尾的发生。时尚小巧的微型天线提高了收音机的收听效果。大型刮水器、电动开启式后车窗，并带有除霜功能，让你无需打开后门而随意取出行李箱的物品，后窗玻璃上的加热除霜线能够确保后窗在雨雪天气里清洁。从而使驾驶人获得一个清晰而安全的后部视线。与车身同色的硬型备胎护罩更加突出多功能越野风格，宽大的后部保险杠给您的出行带来了更大的安全。90度侧开式尾门空间超大，527升空间可以任意放下大型物品，后排座椅折叠以后容积为952升，可以同时放两辆26英寸自行车，为同级别车型最大的。您看到的是很多微型尾门挂钩，方便挂一些物品毛巾衣物等以及货物地板固定钩，既节省了空间又保证了物品的安全性，地板垫非常柔软耐磨，下设有一个多功能野餐桌，当您在户外旅游时方便就餐。本田人性化的设计让您时刻感到家的感觉，下方设有湿物凹槽，方便放湿的物品非常实用。还配有后仓照明灯和12伏电源插座，不会因为旅行时电器没电而产生烦恼。

5. 车侧方

刚才我们看了 CR-V 车后方，那么现在就让我们看看 CR-V 车侧方的一些特点。与车身同色的门把手、后视镜和防擦条显得非常整洁。后视镜4向可调，在驾驶座位置便可轻松操控，方便实用。前后可折叠功能让车辆瞬时瘦身，具有良好的通过性，走街串巷，停放车辆轻松自如。全车采用 G-force 控制安全车架，两侧设有防撞钢梁，大大加强了A、B、C、D柱顶两侧对冲击的吸收能力，可以阻挡来自侧方的撞击，而很好地保护车内人员安全，其舒适性也是非常良好的。全车采用的是轿车级的底盘，新型的四轮独立悬架，前轮采用麦克弗森并带有稳定杆的前束控制连杆，提高了转向性能；后轮采用双叉独立悬架，提高了乘坐的舒适性。智能化的适时四驱系统，可根据路况自行调节切换，反应时间短，切换顺畅，无论是在城市还是在山野都会给您以超凡的驾驶感受，在高动力和低油耗之间达到理想平衡。结合了 215/65R98T 宽轮胎，抓地性好，行驶更加平稳，全车采用四轮盘式制动，铝合金车轮具有良好的散热性。且制动盘直径较大，后轮采用盘鼓结合方式，制动效果更加灵敏有效，大大提高了燃油使用率，且良好的 ABS 通过对四轮制动液的独立控制，能够消除在湿滑路面上制动和紧急制动下造成的车轮抱死现象，使得制动的稳定性和方向的操控性更加卓越，再配合 EBD 电子制动力分配系统，优化四轮制动液缩短了制动距离。

6. 发动机室

让我们看一看 CR-V 的心脏——发动机室。

新款 CR-V 发动机室布局合理，整洁。它配有日本本田公司目前最为先进 i-VTEC 技术的全铝发动机。它最大的特点是经济性和动力性的完美结合，出色的经济性并没有减少您对动力的要求，118千瓦的功率和220牛·米的最大转矩为同级别车最大，这款发动机运转起来非常安静，配上具有降噪、隔音、减振的双层发动机罩，在高速行驶时车内的噪声也是非常小的，并且达到欧Ⅳ排放标准，体现出 CR-V 的环保性与经济性的优势。

本田 CR-V 精心的制造工艺，人性化的关怀设计，定会给您一种全新的驾驶感受！

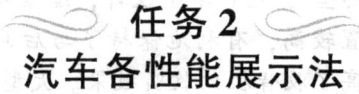

任务 2
汽车各性能展示法

一、任务分析

有调查表明，在车辆展示过程中做出购买决定的客户占最终购买客户的70%以上，相反客户流失最多的也是常常发生在车辆的展示过程中。所以说车辆介绍在整个销售流程中起着非常关键的作用，怎么能够做到根据客户的需求有针对性的介绍呢？

二、任务学习

在汽车销售流程中，产品介绍环节的重点就是要针对客户的需要、客户的喜好以及客户关心的地方等有针对性地进行产品介绍，并通过让客户亲身体验是否符合自己的要求，帮助客户了解这辆车能给他带来哪些利益从而确认这辆车就是自己所需要的。

在产品介绍过程中,作为一名合格的汽车销售人员,对所售车辆的性能、构造及操控性能的了解就变得至关重要。这将体现一个人,乃至一个团队的职业素质和专业水平。

汽车销售人员在向客户做汽车展示说明时应讲究方法,全面把握车辆说明介绍的主要内容。汽车销售人员根据汽车经销商的各种可供选择的车型和客户的需求,向他们介绍汽车的特点。在介绍的过程中,要重点强调汽车的安全、舒适、可靠、高科技运用方面的独到之处,强调整车的造型、优质的材料、精心设计的空间、舒适周到的配置和持久的经济效益等。

1. 汽车销售人员的展示说明工作

(1) 明确汽车展示介绍的目的 汽车销售人员在向客户介绍之前必须首先了解自己的目的是什么,这样才不至于使说明过程杂乱无章、没有重点。客户也不会在面对庞杂的信息时,摸不着头脑,甚至难以做出购车决策。总的来说,汽车销售人员应明确介绍的主要目的。

(2) 掌握一定的汽车产品说明方法 随着汽车科技的日新月异,购车的人数也与日俱增,如果汽车销售人员向潜在客户介绍产品时仅仅做单纯的汽车性能、配置的罗列,只会让购车客户在选择时更加茫然。因此,掌握一定的说明方法,对汽车销售人员来说尤为重要。只有掌握了一定的说明方法才能刺激购车客户的需求,使购车者由认知的情感阶段顺利转入行为阶段。

(3) 介绍说明时应牢记的注意事项

1) 首先应注意给客户营造一个良好的介绍环境。融洽的氛围对汽车销售员和客户双方的交流都非常有利,良好的环境能打消客户对汽车销售员的疑虑,从而促进成交。

2) 汽车销售人员在说明产品时,千万不要与客户辩论。与客户辩论容易使其产生抵触情绪,尤其是面对自尊心较强的客户时。与其辩论,他们有可能认为汽车销售人员不尊重自己而拂袖离去。

3) 如果客户有质疑,汽车销售人员应预先想好回应的对策。在向客户介绍之前,汽车销售人员应当做好详细的计划,并从以前的经验中总结出一些客户经常提出的问题,预先想好答案。

4) 在介绍过程中,汽车销售人员还应做好服务工作。这样不但可以展示自己高品质的服务和良好的业务素质,提升自身的企业形象,而且可以增加购车客户对汽车的认可度,并确保潜在客户在购车过程中对产品和服务有较高的满意度,使之成为忠诚客户。

在向客户面对面的介绍之前,汽车销售人员应首先向客户展示汽车产品的各种宣传材料,包括展车、多媒体影音资料、展览用零部件、照片、广告说明书、产品目录、价格表等。汽车销售人员还应特别注意搭配运用这些材料,把要销售车型的卓越品质展现在客户面前。

2. 汽车主要参数

(1) 尺寸参数(单位为毫米)

① 车长:垂直于车辆纵向对称平面并分别抵靠在汽车前、后最外突出部位的两平面之

间的距离。

②车宽：平行于车辆纵向对称平面并分别抵靠车辆两侧最外刚性突出部位（除后视镜、侧面标志灯、方位灯、转向指示灯等）的两平面之间的距离。

③车高：车辆最高点与车辆支撑平面之间的距离。

④轴距：汽车处于直线行驶位置时，同侧相邻两轴的车轮落地中心点到车辆纵向对称平面的两条垂线间的距离。

⑤轮距：在支撑平面上，同轴左右车轮两轨迹中心间的距离。轴两端为双轮胎时，则为左右两条双轨迹的中心线间的距离。

（2）重量参数（单位为千克）

①整车装备质量：指汽车完全装备好的质量。包括发动机、底盘、车身、全部电气设备和车辆正常行驶所需要辅助设备的质量及加足燃料、润滑油、冷却液的质量，还要包括随车工具、备胎及其他备用品的质量。

②最大装载质量：设计允许汽车装载的最大质量。

③最大总质量：汽车满载时的总质量。最大总质量＝最大装载质量＋整车装备质量。

④最大轴载质量：汽车单轴所允许承载的最大质量，也叫最大负荷。

（3）通过性及机动性参数（单位为毫米）

①最小离地间隙：汽车满载时，汽车底盘（车轮除外）最低点与车辆支撑平面间的距离。

②前悬：汽车处于直线行驶位置时，汽车前端刚性固定件的最前点到通过两前轮轴线的垂面间的距离。

③后悬：汽车后端刚性固定件的最后点到通过最后车轮轴线的垂面间的距离。（单位毫米）

（4）容量参数（质量单位为千克，容积单位为升）

①载质量：车辆允许装载的质量。

②座位数：汽车内含驾驶人在内的座位的个数。

③货箱容积：汽车货箱能够装载货物的最大容积。

④行李箱容积：汽车行李箱能够放置行李的最大容积。

⑤燃油箱容积：汽车燃油箱能够装载燃油的最大容积。

（5）性能参数

①最大爬坡度：车辆满载时的最大爬坡能力（%）。

②起步加速时间：汽车从静止至100千米/小时所需要的时间。

③百公里油耗量：汽车在公路上行驶时每百公里平均消耗的燃料量。

④制动距离：汽车以某个速度行驶，从驾驶员开始踩下制动踏板到汽车停止，汽车所走过的距离。

3. 几个安全性参数

1）ABS（Anti-lock Brake System）：即防抱死制动系统，能有效控制车轮保持在转动状态，提高制动时汽车的稳定性及较差路面条件下的汽车制动性能。ABS通过安装在各车轮或传动轴上的转速传感器不断检测各车轮的转速，由计算机算出当时的车轮滑移率，并与理想的滑移率相比较，做出增大或减小制动器制动压力的决定，命令执行机构及时调整制动压力，以保持车轮处于理想制动状态。

2）EBD：即电子制动力分配装置。能够根据汽车轴荷由于汽车制动时产生轴荷转移的不同，而自动调节前、后轴的制动力分配比例，提高制动效能，并配合 ABS 系统提高制动稳定性；即使车载 ABS 失效，EBD 也能保证车辆不会出现因甩尾而导致翻车等恶性事件的发生。同时它还能较大地减少 ABS 工作时的振噪感，不需要增加任何的硬件配置，成本比较低，不少专业人士更是直观地称之为"更安全、更舒适的 ABS"。

3）ESP：即电子稳定程序。通常是支援 ABS 及 ASR（驱动防滑系统，又称牵引力控制系统）的功能。它通过对各传感器传来的车辆行驶状态信息进行分析，然后向 ABS、ASR 发出纠偏指令，来帮助车辆维持动态平衡。可以使车辆在各种状况下保持最佳的稳定性，在转向过度或转向不足的情形下效果更加明显。

4）ASR：是驱动防滑系统的简称，其作用是防止汽车起步、加速过程中驱动轮打滑，特别是防止汽车在非对称，路面或转弯时驱动轮空转，并将滑移率控制在 10% ~ 20% 范围内。由于 ASR 多是通过调节驱动轮的驱动力实现控制的，因而又叫驱动力控制系统，简称 TSC，在日本等地还称之为 TRC 或 TRAC。

4. 汽车按性能指标介绍

1）动力性，占体系权重 25%。其中静止起步，占动力性指标权重 40%；超车加速时间，占动力性指标权重 30%；最高车速，占动力性指标权重 10%；动力总成应用技术，占动力性指标权重 20%。

2）操控性，占体系权重 30%。其中弯道性能，占操控性指标权重 30%；制动距离，占操控性指标权重 35%；高速稳定性，占操控性指标权重 15%；转向响应性，占操控性指标权重 10%；电子装备，占操控性指标权重 10%。

3）安全性，占体系权重 15%。其中车身结构，占安全性指标权重 40%；气囊等安全系统，占安全性指标权重 40%；欧洲碰撞标准，占安全性指标权重 20%。

4）经济性，占体系权重 15%。其中油耗指标，占经济性指标权重 30%；车辆自重，占经济性指标权重 20%；动力传动系统技术，占经济性指标权重 30%；质量担保，占经济性指标权重 20%。

5）舒适性，占体系权重 10%。其中车内空间，占舒适性指标权重 20%；车内噪声，占舒适性指标权重 20%；人性化设计，占舒适性指标权重 10%；振动感觉，60 次以下，占舒适性指标权重 10%；内饰工艺，占舒适性指标权重 20%；空调效果，占舒适性指标权重 20%。

6）外观时尚性，占体系权重 5%。车辆的外观设计、前后组合灯设计、轮毂设计等也是一些时尚人士较注重的地方。

在车辆介绍的过程中可根据客户对动力性、操控性、安全性、经济性、舒适性以及车辆外观各指标的侧重对车辆有针对性地进行介绍。

情境实训

应用 M-AB 汽车商务情景仿真系统开展情境综合实训（具体展开形式参见汽车营销一体化情境实训指导手册）。

 汽车销售实务

作业

1. 分析北京现代伊兰特悦动 1.8L AT，写出绕车方法及性能介绍方法。
2. 写出六方位介绍每个方位的介绍要点。
3. 性能介绍法可分别分为哪些方面进行介绍。
4. 每个小组选出 2 人，分别扮演客户与销售顾问，分别采用六方位介绍方法和性能介绍方法对别克凯越 1.6L AT 进行介绍，其他学生观摩并找出缺点。
5. 写一份实习报告。

项目五 竞争车型

学习目标

- 了解寻找竞争车型的意义
- 掌握寻找竞争车型的方法
- 掌握竞争车型的比较方法

技能要求

- 能根据车型的特点寻找相应的竞争车型
- 能进行竞争车型的比较,抓住车型的卖点

任务 寻找竞争车型及比较

一、任务分析

在学习如何寻找汽车竞争车型之前,一定要了解寻找竞争车型的意义、进行竞争车型对比的重要性,以及对销售车型的了解,这样才能更好地给客户进行异议处理,做好分析,从而凸显竞争力。

二、任务学习

有调查表明,在车辆展示过程中顾客常常会抛出一些竞争企业的车辆来跟现实车辆进行比较,而在反复地比对过程中,将会流失一部分宝贵的客户资源。而综合分析,顾客往往是因为对车型的不了解或没信心,拿一辆车的优点和另一辆车的缺点在比较。因此,作为一名汽车销售人员就有必要将自己所售车辆的竞争车型牢记于心,给顾客以合理的对比,从而突出现所售车辆的优点,促成销售。

1. 寻找竞争车型

很多汽车在确定竞争车型上往往很模糊，放眼望去，个个都是自己的竞争车型，结果消耗了大量的资源和精力，却把真正的竞争车型当做自己车型的领导者，那么，如何确定竞争车型呢？

(1) 生产规模接近　生产规模越接近者，就越有可能成为最主要的竞争车型，规模经济是一项十分重要的基础竞争力量。规模经济将成本降低到一个比较满意的水平，生产规模越接近，意味着竞争企业的基础竞争力量接近。双方由于成本趋同，在价格战中就极有可能针锋相对。同时，相当的制造能力，为满足扩大的市场需求提供了供给保证。双方因生产能力接近，为寻求市场吸纳而进行市场份额的争夺程度也就会更激烈。所以说，车型生产规模接近者，就越有可能成为最主要的竞争者。

(2) 价格接近　市场零售价格接近的车型，才会成为竞争车型。市场零售价格，一般是市场的终端价格。终端价格总是直接面向消费者的价格。它不但反映着汽车的价值，也反映着顾客的接受程度。所以不难发现，零售价才是竞争的前沿价格。不管对中间商如何让利，市场零售价将决定胜败。

(3) 销售界面相同　销售界面是企业在销售过程中汽车流通的分界面，亦即企业将汽车转交出去的分手地点。汽车从生产出厂到顾客消费是一个整体过程。企业把汽车交给中间商，中间商就成为企业的销售界面；中间商把汽车交给零售商，零售商就成为中间商的界面。一般企业面对销售界面有三种：中间商、零售商、消费者。销售界面相同的企业，才会成为竞争者。销售界面相同，就仿佛是在同一战场上作战。不在一个战场，就不是对手。市场主体的销售界面越多、销售面就越大。但只要是在一个窗口里销售，双方的斗争就不会停息。

(4) 定位档次相同　定位档次相同的车型，才会成为名副其实的竞争车型。车型的定位，在顾客心目中通常是档次的定位。一般的车型定位，分列为三种：即高档车型、中档车型、低档车型。也有分列为豪华型产品和普通型产品的。但总的来说，产品的定位档次，应由车型的品质、使用价值或功能、车型包装、价格四个要素来确定。需要特别清楚的是，不在同一档次的车型，是没有竞争理由的。低档的车型缺乏与高档车型竞争的地位。尽管低档车型有可能带来的使用价值同高档车型差不了多少，但它给消费者带来的满足感和满意度却相去甚远。例如奔驰牌汽车和桑塔纳牌汽车是不能因为它们都叫汽车而可以作为主要竞争对手的，显然两者的身份不对头。如果车型的档次相同，往往也意味着它们的目标市场基本相同，其竞争方向具有一致性。

(5) 目标顾客相同　车型使用价值的满足对象，就是车型的目标顾客。现代营销的潮流是进行市场筛选和市场细分。制造商的车型不再是用来打动所有人的，它必须作为向一部分人摇动的橄榄枝。显而易见，如果两个人争夺一个东西，他们就是对手。目标顾客相同，企业双方竞争的市场就一样。如果企业双方生产的同一种车型销售给了两种不同对象，事实上他们两者根本就不是竞争对手。只有目标顾客相同，才能引起竞争。比如奔驰牌汽车和桑塔纳牌汽车是不可能同时去争夺一个顾客的。这表明，如果目标顾客不相同，双方市场利益就不会受到对方侵害。

【案例】

WH 公司是国内一家乘用车企业，就规模而言，只能勉强挤进二线阵营，但是借助外方技术伙伴的支持,产品在细分市场上具有一定的竞争力。为了丰富自己的产品体系,WH公司希望能够引进外方合作伙伴的一款中级轿车Aa。

Aa面临的情况是,如何在这个国内最激烈的市场上找到自己的竞争车型,而WH公司又没有销售中级轿车的经验。因此在上市之前,WH公司希望确定自己的竞争对手,从而确立Aa的市场地位。

以下是2006年5~8月Aa车型确定竞争对手过程。

1. 样本选择

① 疑似竞争车型选择。根据排量、尺寸、轴距、价格、品牌等因素,WH公司认为,目前市场上有8款车型可能会是Aa的竞争对手:花冠、福克斯、标致307、凯越三厢、伊兰特、颐达、思域、福美来、赛拉图。

② 客户选择。根据竞争对手的购买者特征及公司的经验,WH公司认为自己车型的用户应该具有如下基本特征:大专及以上学历,年龄在25~40岁之间,家庭月收入在8000元以上。

③ 市场调研。根据以上两个基础,WH公司选择了北京、上海、广州、成都四个具有代表性的城市的600名车主/购车者作为调查对象。其中400名是已经购买上述竞争车型的车主。200名为符合上述特征的潜在用户,包括100名会考虑购买一辆中级车作为第二辆车,还有100名则是考虑将现有车型换成中级车。

2. 产品测试

① 将Aa车型和竞争车型的三大属性——车型、品牌、配置等水平拆分成各个的细节指标,然后让测试者打分。

② 对所有测试结果均以10分制打分。

③ 完成打分后,WH公司先后以价值定价法确定Aa车型具有竞争力的价格区间,以价格敏感度测试(PSM)了解消费者的价格敏感区间,可接受的价格上限值、下限值及最佳的定价点,以心理价差测试法测定如果企业想要达到一定的市场份额,价格应该定在哪里及产品组合构成。

3. 产品测试的步骤

(1) 车辆整体测试 这一测评主要是测试车型的各个细节和竞争车型的对比,这些元素都将影响到消费者对其的喜爱、购买以及心理价位。WH公司将整车拆成"车辆整体评价、外观第一印象、各部位具体外观评价、各功能部件设计评价"4个层次的多个具体指标。然后在每个层次的每一个指标上,将Aa都和竞争车型进行比较打分。

测试表明:

① 消费者对测试车辆的外观及内部的综合评价表明,花冠、福克斯、思域与Aa得分最为接近,是其最主要竞争车型,其次是标致307,而与凯越、伊兰特的竞争关系比较弱。

② 该车在外观印象上得分远远超过比较车型,其中前排各个具体指标得分最多,但是在后排空间、行李箱等方面评价不高。

③ 在颜色上,消费者最喜欢Aa的颜色是塔夫绸白,其次是雪花银,再次是拉利红和中子蓝,而水纹银和夜鹰黑是消费者相对不喜欢的颜色。

(2) 品牌测试 主要测试品牌对消费者出价的影响。结果表明,在经过前面有关车型的体验和测试之后,假设所有参与对比的车型的排量和配置一样,仅仅凭借外观和内部整体印象，在未经提示 WH 公司品牌的情况下，测试者参照比较车型的价格，为 Aa 打出了 14.47 万元的平均价格。在经过明示 WH 公司品牌的情况下，测试者为这款车打出了 14.67 万元的售价。说明相对于竞争对手，WH 公司的品牌没有溢价。

（3）配置测试　这一测试主要是想了解配置对于消费者购买心理的影响，从而为厂家组合搭配款式提供参考。

① 筛选出目前中级轿车常用的 12 个基本配置，包括 8 方向电动调节驾驶人座椅、NAVI 导航系统、自动空调、自发光仪表板、6 碟 CD、真皮座椅等。

② 按照以下 4 个维度测试这 12 个基本配置对消费者购买的影响：

A 次要属性或无关属性（Indifferent）不管有没有，不会对客户满意度造成很大影响。

B 魅力属性（Attractive）如果有，会大幅提升客户满意度；如果没有，并不会降低客户满意度。

C 必备属性（Must-be）如果有，不会提升客户满意度；如果没有，会大幅度降低客户满意度。

D 一维属性（One-dimensional）如果有，会大幅提高客户满意度；如果没有，则会大幅降低客户满意。

测试结果如下：

① 较高的 A 选项表明消费者对这些配置需求的必要性都比较低，厂家可以在标准配备外，推出这些车型的简装版以降低价格赢得消费者。

② 部分配置的 C 选项表明消费者会参考竞争车型的配置，如果竞争车型也配备了这些配置，尽管消费者认为这些配置对于他的实际功效不大，但是也会对购买行为构成影响。

③ 测试还表明，倒车雷达、天窗、真皮座椅对于客户满意度的升降具有重大影响。

经过前三步的测试，就可以知道 Aa 车型最具有竞争力的产品组合是什么了。接下来就是进行价格测试。

（4）价格测试

价格测试一：在第一步的外观和内部的整体测评中，已经推定花冠、福克斯和思域三款车型为 Aa 的主要竞争车型。因此，该公司首先采用价值定价法测定消费者对于这款车价格接受度。

结果：不同类型用户对 Aa 接受价格范围是 14.1~15.8 万元，其中花冠用户给予了这款车比较高的价格。这表明两款车型的竞争性最强。所以定价相对于这些竞争对手要有竞争力。

价格测试二：价格敏感度测试（PSM）的主要目标——了解消费者的价格敏感区间，可接受的价格上限值、下限值及最佳的定价点。PSM 测试则选定真皮座椅天窗版的该车型作为测试对象。

结果：根据 PSM 获得的价格点，受访者认为 Aa 可接受的价格范围在 13.5~15.5 万元，其最佳价格为 14.8 万元，该价格点是具有较强竞争力。

价格测试三：心理价差测试（CBC），了解消费者对产品不同配置之间价格差的心理预期，进而了解两个关系。首先，如果同一款车，有若干排量、配置，还有自动挡和手动挡的区分，那以怎样的搭配组合、怎样的价格组合进入市场会有怎样的结果？其次，如果企业想要达到一定的市场份额，价格应该定在哪里？一般企业会期望这个车型的销量能够接近自己目前全部产品市场份额相近的份额,以此作为定价的出发点之一。

例:与花冠1.8L AT真皮座椅天窗车型相同市场份额条件下的价格点是14.8万元,与思域2.0MT/AT真皮座椅天窗车型、福克斯2.0MT/AT真皮座椅天窗车型相同市场份额条件下的价格点约为16.5万元。

厂家还测试了各个消费者对前面所提到的12种配置的价格接受度,这些数据都将为厂家对产品的配置进行搭配组合及价格调整提供依据。

例:天窗接受价格分析。被访者对Aa车增加天窗接受价格的分布状况如下:

◆ 消费者对天窗接受价格比较集中的价格点是5000元。
◆ 消费者对天窗接受价格的平均值为3631元。
◆ 消费者对天窗接受价格的中位数(即接受率为50%时的价格点)值为3000元。

以下为测试的最终结论:根据消费者调查,在考虑实车价格敏感度(PSM)测试结果以及CBC市场模拟相对市场份额分析结果的基础上,Aa 1.8L AT真皮座椅天窗版(测试E车)合理价格区间是14.6~15.3万元。

在上述调查之后,WH公司也参考了这些因素:Aa的价格能够在2年内仍具有竞争力;新产品效应过后给产品预留降价的空间;Aa成本因素;目前市场上现有车型改进型新产品。

企业也需要考虑:经销商的数量及其分布,经销商的能力、经销商的利润。

在参考了上述一系列因素后,WH公司将Aa 1.8L AT真皮座椅天窗版(测试E车)的价格定在了14.8万元,理由是:

① Aa在同类车型中比较偏向运动性,这是一个较小的细分市场,因此不追求很大的市场份额;

② 这个价格在测试获得价格范围之内;

③ 虽然价格比最佳合理价格高,但是可以为以后降价获得一个相对较大的空间。

分析:

实践证明,WH公司制定了一个比较合理的竞争车型体系。在接下来的两年,Aa车型不仅获得了一个满意的销量,甚至在竞争车型纷纷降价的情况下,价格一直比较坚挺。在这个案例中,WH公司充分运用分析法,从接近的生产规模,接近的价格,相同的销售界面,相同的定位档次,相同的目标顾客等方面为Aa车型确定了相对应的竞争车型。同样也给乘用车企业提供了一种较系统的确定竞争车型的方法。

2. 竞争车型的比较

汽车的性价比是消费者对汽车性能、配置、外形等因素和售价的综合评价,性价比实际上是汽车价位相当的不同品牌汽车之间的综合比较及分析。

评判汽车的性价比,可以从多个方面展开,主要是:

(1) 比发动机　一般多气门结构的发动机,可以优先考虑。因为多气门结构形式的发动机属于新型的发动机,比老式发动机高一个档次。

(2) 比尾气的排放标准　要毫不犹豫地选择执行高排放标准的汽车,因为它没有过时的危险。

(3) 比发动机的排量　在油耗相差不大的情况下,同等价格,应当选择排量大的那款车。

（4）比安全配置　在同等价格的情况下尽量选择有ABS和安全气囊的车，如果既有双气囊又有侧气帘，当然更好。

（5）比悬架装置　因为独立悬架结构比非独立悬架结构的车有更佳的乘坐舒适度，因而，应当选择前后车桥都是独立悬架结构的车。

（6）比轴距的长度　因为车辆行驶的稳定性与轴距的长短有很大的关系，一般情况下应当选择轴距长的车。轴距越长车辆越稳定。

（7）比制动片的个数　因为盘式结构在通风散热、制动的灵敏度、制动的效果等方面比鼓式强，所以尽量不要选鼓式结构。

（8）比加速时间　从静止到100公里/小时的加速时间是衡量车辆性能的一项重要的指标，如果两车的排量相同、排档的形式相同，加速时间短的车性能就好些。

【案例】

下面是别克公司的销售顾问把新凯越 VS 朗逸作为竞争车型来进行分析。

分析：

1. 朗逸主打卖点

（1）造车工艺与安全科技　PQ34平台生产，TPR轮胎气压监测系统，前排双安全气囊及双侧安全气囊，NAO陶瓷刹车片。

（2）动感外形与舒适内在　轿跑车设计，三辐式多功能方向盘，折叠式夜间显示器，车载蓝牙手机准备（仅2.0L豪配）。

（3）动力操控与娱乐设备　6速手自一体变速器，8扬声器，导航DVD（仅2.0L豪配）。

"全球首发"：朗逸完全由上海大众自主设计和研发，但不是"全球车"。其实朗逸是上海大众针对中国市场研发的一款车型，在其他国家销售的可能性并不大，所以称之为"全球首发"也无可厚非，毕竟在全球其他市场并没有这款车。但如果按照这个理论来说，国内所有的自主品牌车型，比如中华，比亚迪等等是不是都可以叫做"全球首发"了呢？

"全新车型"：朗逸最大的亮点在于外观和自动档车型使用的6速变速器，而其核心部分，比如平台、发动机使用的都是老技术，怎么能说"先进"和"全新车型"呢？PQ34平台：大众10年前的技术，最早出现于1998年，老款宝来和高尔夫4代用的就是这一平台，全是大众上一代A级车。目前国内更先进的是PQ35平台，代表车型有已经上市好几年的速腾和明锐，朗逸只是在PQ34平台上拉长了轴距而已，而且复合扭转梁式半独立后悬架也相对落后，很容易导致转向不足，降低运动性能。

发动机：朗逸1.6升发动机和Polo是一样的，而2.0升发动机则和明锐相同，出自于已经停产的原帕萨特2.0升的8气门铸铁发动机，没有任何节油降噪的先进技术，动力表现甚至还不如一些1.8升的发动机。

6速变速器：从使用效率和性能发挥讲，6速变速器搭配在2.0升以上车型才是国际主流趋势。家用车一般为上下班代步，多在市区使用，拥堵的路况使6速变速器的功能多半发挥不出，实际使用效率就相当于4速变速器。而且朗逸的这款6速变速器为全进口，这也带来2个问题，即维修成本相当高，和技术相对落后的发动机匹配，效果可能也不会很好。"安全科技"——朗逸特别宣传了 TPR 轮胎气压监测系统和 NAO 陶瓷制动片等新技术，实际上里面的科技含量并没有大家想象得那样高。

2. 新凯越的主要竞争优势

（1）品牌　凯越自 2003 年上市至今，已拥有 70 万凯越车主，这是对新凯越品牌和品质的最好证明。

凯越上市已有5年，全国有超过 70 万的用户，巨大的社会保有量给新凯越带来的一个好处就是质量稳定、保养及维护成本更低；另一个好处就是日后作为二手车卖出的价格相对更高，对用户来说，降低了经济损失。

（2）造型　新凯越全新的外观传承了别克品牌的家族特征，新凯越出自世界级大师皮尼法利纳的设计之手，外形传承了别克品牌的 DNA，另有诸多创新设计，如直瀑式镀铬格栅、全车 42 颗 LED、车尾 3D 立体台阶设计等。内饰的设计、材质和制造工艺更是具有明显的品位和档次，炮筒式仪表板和冰蓝色的背光更能满足用户对时尚、个性的追求，尤其是冰蓝色背光，是别克品牌独有的，特别是在夜晚，它会将整个驾驶室营造得很有科技感和运动感。

朗逸和大多数德系车一样，外观和内饰以沉稳、传统为主调。特别没有采用大众一贯的 U 型前脸，这跟它的出身有关，因为朗逸是由上海大众自主研发的一款车。回顾上海大众自主研发的车型，从桑塔纳 2000 到 3000 型，再到现在的 VISTA，外观设计显然不如德国大众原型车。相比之下，一款已经成功行销世界各国家的"全球车"更容易得到中国消费者的认可和青睐。

据多数客户反映，朗逸的中控台顶部和面板部分的塑料材质手感较硬，中控台设计和内饰风格保持了大众（从桑塔纳开始）一贯的传统、规矩，对第一眼视觉冲击不大。

而且，据一些特别细心的用户观察，朗逸的工艺比较一般，用料节省。比如：发动机盖无隔热罩，线束用黑胶布缠绕，密封胶涂得不够细致，前门的装饰板也有点生硬感，材质感觉也一般，按下去竟然还有点晃动等等。相比而言，新凯越的细节处理让人看着舒服，用着放心。

新凯越全新的外观传承了别克品牌的家族特征，内饰的创新设计、材质和制造工艺也显得新凯越更有品位和档次感。

新凯越采用整体式设计中控台，区域划分合理，按键布局人性化。

新凯越的炮筒式仪表板搭配冰蓝色背光，营造十足的科技感和现代感。

朗逸的中控台设计维持大众一贯的传统、规矩，没有什么新意。

朗逸的仪表板也和一般车辆一样，感觉不到品位和档次。

朗逸发动机盖没有隔热垫，发动机舱布局也稍显凌乱。

朗逸的密封胶确实涂得不够细致。

（3）高档配置　新凯越的配置完全不亚于高档车，许多配置都是同级车中独有的。新凯越是真正的中级车价格、高级车配置，天窗、打孔真皮座椅等几乎可以说是标配，RES 发动机远程遥控起动系统、智能语音导航等智能电子系统在中级车中更是绝无仅有。而在朗逸上，6.5 英寸液晶屏、导航系统等高端配置还都只是选装件，而且只在 2.0L AT 的豪华配置上才可以选装。

在新凯越的7款车型中，有4款车型都配备了6.5英寸触摸式液晶屏、智能语音导航系统、泊车辅助实景影像系统等高端配置；同时，有3款车型都配备了H/K高级品牌音响系统、RES发动机远程遥控起动系统，前排加热座椅等豪华配置，这些高档豪华配置为中级车市场树立了一个更高更新的标杆！如果您需要在商务场合使用，这些独特配置绝对给您带来十足的面子！

（4）别克关怀　在常年的用车期间，便捷、优质的售后服务能让用户更省心、省力。

"别克关怀"是上海通用汽车在中国创立的第一个汽车服务品牌，在全国有300多家的授权经销商，拥有最佳的服务团队。

别克的售后服务在业内一直有口皆碑，也正因为如此，2007年，在由联信天下市场调查机构发布的被业内外誉为"中国版J. D. Power"的"中国汽车品牌售后服务满意度"调查中，别克以825分连续第三年蝉联冠军。

（5）性价比　一款以家用为主的中级车基本都要开上3~5年，所以舒适的人性化配置不能太少，更重要的是，价格合理、售后维护便捷、保养成本低。

作为一款家用车，性价比的高低是一个很关键的因素，当然，不能仅仅看售价的高低，如果在同等价位内，其他各方面比如空间、动力都差不多的话，那就要仔细看看，谁的配置相对更多、更实用。毕竟，一辆家用车一般要开上3~5年，配置多些，用起来既舒服又不会太落伍。

同理，如果配置已经满足日常使用所需的话，那就要看谁的售价和维护保养成本低了，毕竟只要车轮一动，都是要花钱的。

新凯越与朗逸的各项对比见下表。

新凯越	朗逸	配置对比		差　价	客户利益
1.6LE-AT (12.68万元)	品悠版 1.6 自动 (12.48万元)	新凯越亮点配置	朗逸亮点配置	0.2万元	从配置对比来看，新凯越1.6自动虽然比朗逸品悠版1.6自动多仅仅2000元。但当看到差这么多的配置的时候，是不是觉得大大的物超所值呢？谁的性价比更好，立见分晓
		前排电加热座椅	NAO 陶瓷刹车片		
		真皮打孔座椅	TPR 胎压自动检测警示系统		
		RES 远程发动机起动功能	MSR + MASR		
		后排4/6分离座椅			
		前排中央扶手带置物盒			
		蓄电池防耗保护装置			
		18颗 LED 尾灯			
		倒车雷达			
		真皮多功能方向盘			
		双层防夹天窗			
		CD 带 MP3 播放功能			
		驾驶人座椅前后8向调节/腰部支撑			
		折叠式电控外后视镜 （带 LED 转向灯）			

（续）

新凯越	朗逸	配置对比		差价	客户利益
1.6LE-AT (12.68万元)	品轩版 1.6自动 (14.58万元)	新凯越亮点配置	朗逸亮点配置	-1.9万元	从这两款车型对比来看，仅仅差这么点配置，1.9万元的差价让人觉得不值。同时15万元区间的车型选择余地非常大，朗逸这样的配置又如此高的价位，怎么体现它的性价比呢？
		RES 远程发动机起动功能	NAO 陶瓷刹车片		
		前排电加热座椅	MSR+MASR		
		蓄电池防耗保护装置	前排侧面安全气囊		
			TPR 胎压自动检测警示系统		
			可加热外后视镜		
			雨量感应式自动调节刮水器		
			智能温控自动空调		
			定速巡航		
1.6LE-MT (11.68万元)	品悠版 1.6手动 (11.28万元)	新凯越亮点配置	朗逸亮点配置	0.4万元	新凯越仅比这款朗逸多出4000元，但仅仅一个电动天窗的成本就不止4000元了。从新凯越上多出的配置来看，新凯越更注重日常使用的舒适和便利性
		打孔真皮座椅	MSR+MASR		
		驾驶人座椅8向调节	NAO 陶瓷刹车片		
		后排4/6分折叠座椅	8扬声器音响		
		前排中央扶手带置物盒	TPR 胎压自动检测警示系统		
		18颗 LED 尾灯			
		倒车雷达			
		蓄电池防耗保护装置			
		电控外后视镜带 LED 转向灯			
		杂物箱带冷藏功能			
		电动天窗			
	品轩版 1.6手动 (13.38万元)	新凯越亮点配置	朗逸亮点配置	-1.7万元	虽然朗逸这款车多出了雨量感应刮水器、自动空调等配置，但新凯越的舒适配置并不少，比如驾驶人座椅8向调节、电动天窗等，完全满足日常使用所需，最关键的是，新凯越的售价要低了近2万元，对这一级别的家用车来说，两万元相当于一辆车1年到1年半的养护和使用费用了
		驾驶人座椅8向调节	后排中央扶手带杯托		
		18颗 LED 尾灯	MSR+MASR		
		蓄电池防耗保护装置	NAO 陶瓷刹车片		
		电控外后视镜带 LED 转向灯	前排侧面安全气囊		
		杂物箱带冷藏功能	TPR 胎压自动检测警示系统		
			可加热外后视镜		
			雨量感应式自动调节刮水器		
			智能温控自动空调		
			定速巡航		
			8扬声器音响		

作业

1. 北京现代伊兰特悦动1.8AT的竞争车型有哪些，并进行分析，写出自己的观点。
2. 别克凯越1.6AT与北京现代悦动1.8AT为两款竞争车型，这两款车可以从哪些方面来进行比较。
3. 写一份实习报告。

项目六 试乘试驾

学习目标

- 了解试乘试驾的概述
- 了解试乘试驾的重要性
- 掌握试乘试驾的 CS 要点
- 掌握试乘试驾的流程

技能要求

- 能与客户进行完整的试乘试驾
- 能在试乘试驾过程中展开合理的话术引导

任务 1
试乘试驾概述

一、任务分析

为了让顾客感性地了解车辆有关信息，通过切身的体会和驾乘感受，顾客可以加深对销售人员口头说明的认同，强化其购买信心。在试乘试驾过程中，销售人员应让顾客集中精神进行体验，并针对顾客需求和购买动机适时地进行解释说明，建立其信心。试乘试驾的目的让顾客对产品有切身的感性的体验，通过试乘试驾建立顾客对产品的信心，激发顾客的购买欲望。

二、任务学习

1. 试乘试驾的含义

所谓试驾，是指顾客在经销商指定人员的陪同下，沿着指定的路线驾驶指定的车辆，从而了解这款汽车的行驶性能和操控性能。经销商指定的人员通常是接待顾客的销售人员或者专门的试驾员。指定的车辆通常是经销商提供的试驾专用车,而暂未售出的库存车辆是不应让顾客试驾的。

人们常将试乘与试驾放在一起来说,也就是所谓的试乘试驾。

试乘是指由经销商指定的人员来驾驶指定的汽车供顾客乘坐。但是由于绝大多数购车者都会开车,单纯的试乘通常并不会出现。

2. 试乘试驾的重要性

试乘试驾是消费者了解一款汽车的重要途径。一辆汽车的外表再好,也是"给别人看的",车主与汽车的感情实际上是产生于方向盘与踏板之间。所以,汽车的行驶性能和操控性能就是消费者购车时不容忽视的因素。而且,由于汽车的行驶性能与操控性能难以用数据来衡量,试驾也就成了多数消费者了解汽车行驶性能和操控性能的唯一途径。

此外,试乘试驾还是经销商推销产品和服务的最好时机。一方面,顾客在试乘试驾时很可能需要使用音响、空调,以及电动门窗、座椅调节等功能,销售人员此时可以非常自然地向顾客介绍车上的各种装备,从而使顾客深入了解这款汽车。而在展厅里,面对着断油断电的展车,顾客通常不会对一些具体的功能感兴趣。另一方面,经销商可以借此机会展示自己的专业素养。调查表明,大多数的销售人员在展厅中都比较热情,彼此间没有明显的差别。而在试驾过程中,销售人员的服务水平便立即显现出巨大的差别。因此,有心的经销商很容易在试驾服务过程中与竞争对手拉开差距。

通过试驾中和客户的一系列接触,创造机会,赢得顾客对自身服务态度和能力的认可,促使顾客产生拥有的感觉,提高顾客对产品的高度认同,增强顾客对品牌的信任,同时让顾客对产品有切身的感性的体验。通过试乘试驾建立顾客对产品的信心,激发顾客的购买欲望,而通过试乘试驾又可收集更多的顾客资料,便于促进销售。

3. 试乘试驾的要点

(1) 试乘试驾前工作要点

1) 给顾客讲解流程和相关规定,并签署试驾协议。

2) 登记驾驶证,填写相关信息,驾驶证复印存档。

3) 介绍行驶路线。

4) 解释基本功能和指示器。

5) 指导顾客调整各项装备、座椅、后视镜、音响等。

6) 如不是销售顾问驾驶车辆,介绍其他陪同人员。

7) 提醒顾客系好安全带。

8) 提示安全操作方法。

9) 与顾客协商是否需要换鞋、女顾客扎长发用的皮筋。

(2) 试乘试驾中的工作要点

1) 先由销售顾问开第一段路,边示范、边讲解。

2) 驾驶过程中简要提醒顾客体验的重点内容,强化感受。

3) 选择安全地点换手,将车熄火,驻车制动手柄拉起。

4) 车钥匙拔下,坐在前排乘客侧后交给顾客,然后请顾客起动。

5) 销售顾问记录顾客个性化要求。

6) 提醒顾客注意安全,如有危险和违章动作,果断制止。

7) 向顾客讲解保障安全的重要性取得谅解改试驾为试乘。

（3）试乘试驾后的工作要点

1) 提醒顾客携带随身物品，以免遗忘在车内。
2) 引导顾客回到展厅洽谈区，提供免费饮品。
3) 询问顾客试乘试驾的感受并填写意见调查表。
4) 强化驾驶感受，激发客户购买冲动。
5) 对于顾客试驾中的个性要求进行重点解释。
6) 根据顾客反映，请求成交。
7) 未成交顾客，详细评估未购买原因，为下次跟踪找好理由。

任务 2 试乘试驾流程

一、任务分析

试乘试驾在汽车销售整个过程中相当重要，首先必须要了解一下试乘试驾的流程。试乘试驾的流程可以分为三大块：试乘试驾如何开始；试乘试驾流程的重点；如何转移到报价说明与签约成交。

二、任务学习

试乘试驾总体的流程如图所示。

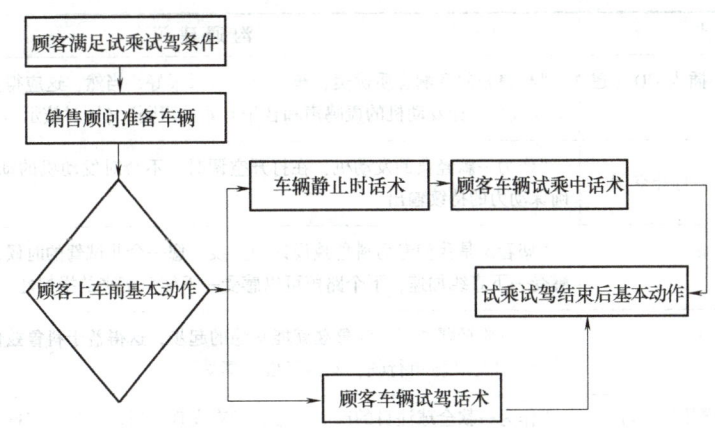

下面以雪佛兰科鲁兹试乘试驾为例来阐述。

【案例一】

1. 试乘

（1）邀约试乘前的执行要点

1) 引导顾客上车前，要就所驾车辆，给顾客做简要介绍。

2）引导顾客上车时，销售顾问要注意执行规范礼仪。
3）上车后，要帮顾客调节座椅提醒系好安全带。
4）询问顾客喜欢什么风格的音乐，将音响打开。
5）出发前，就车内各项配置的使用，给顾客做简要介绍。

（2）试乘前的执行要点

1）起步阶段，讲解发动机的低转速高转矩设计特性。
2）通过试乘，让顾客感受科鲁兹的音响效果（音质美妙）。
3）通过试乘，让顾客感受科鲁兹的空调效果（环保空调、不影响动力输出）。
4）通过试乘，让顾客感受科鲁兹的车内乘坐感受（坐在车内享受舒适的空间）。
5）通过试乘，让顾客感受科鲁兹的操控性（运动底盘带来的操控感）。
6）通过试乘，让顾客了解路线（重点讲解加速路段、转弯路段）。

引导重点	沟通建议
试驾前	给顾客介绍所驾车辆的型号及排量。"这是我们科鲁兹××型号的××排量的车"
进入车内	"我先帮您调整好座椅。您看这样舒服吗?"
遥控钥匙	"人性化凹凸设计，让您即使在深夜也能轻松找到您所需要的功能键，您注意到没有，在您车内时，无须进行任何操作。"
按键式起动	"您看，这个按钮是科鲁兹的起动键，我们的车子是不用钥匙起动的，这也免去了您在晚上开车时，需要寻找钥匙插孔的麻烦，这个配置出现在这样的中级车里面，也算是超值的配备了。"
内饰仪表板设计	"您看一下我们的仪表设计，跟以往您了解的雪佛兰是不是有很大的突破？整个驾驶舱，我们的仪表设计是很大的亮点，西欧那个仪表台向右延伸出去，形成了双舱的设计风格，给您带来了很强的时尚和年轻、运动气息！"

（3）试乘中沟通参考重点

引导重点	沟通建议
根据顾客的喜好，插入CD（建议使用试音碟）	"科鲁兹的音响音质优美，车内听的效果很好，当然，这应得益于科鲁兹出众的降噪效果，让发动机的轰鸣声和音乐有效的阻隔"（同时演示U盘播放功能）
根据不同天气情况，打开空调	"作为一款经典的发动机，在打开空调时，不会对发动机的动力有很大的影响，确保动力的持续输出"
路线讲解	"您看这是我们专为科鲁兹设计的路线，您一会儿试驾的时候，可以在这个路段感受一下直线加速，下个路段可以感受一下转弯带来的操控性"
起步（提示安全）	"您只要轻踩油门，科鲁兹就能平稳的起步，这得益于科鲁兹低转高扭的发动机设计，让您在城市行驶，变得轻松、享受"
低速行驶（路人提醒回头率）	"作为一款全球注目的产品，您有没有发现，很多人都对您投来了羡慕的眼光"
直线加速和弯道	"科鲁兹的底盘偏向运动型，确保不论是直线加速行驶还是弯道循迹功能都非常精准，让您无论在什么路线行驶，都给您带来信心"
中段加速	"您觉得这台车的中段加速能力怎么样？"
高速行驶（强调油门的响应性）	"油门响应很快，动力随叫随到……"（开始运用动力绕车话术）
制动（强调制动的车身稳定性）	"制动时的方向盘和制动踏板很好？不会让人有别扭的感觉，车身也没有抖动。"

2. 换手

（1）换手的执行要点

1）请销售顾问熄火，并将钥匙拔出，待顾客进入驾驶位置后，亲手交给顾客。

2）强调驾驶路线及行车安全。

3）帮助调整座椅、方向盘、后视镜、提醒系上安全带。

提示：换手阶段，是顾客即将真正体验驾控乐趣的开始，建议销售顾问可利用话术提示顾客，再次带给顾客冲击性。

"通过您刚才试乘，相信对科鲁兹有了一定的了解，下面就由您来亲自掌控这台科鲁兹，相信它的表现一定会给您带来全新的雪佛兰驾驶体验，从而使您对传统意义上美国车有了全新的理解！"

（2）换手时沟通参考重点

引导重点	沟通建议
路线及安全的再次提醒	"接下来，您将亲自驾驶我们的科鲁兹，虽然这是一台讲究操控性的好车，为了您的安全，还是建议您注意控制车速，遵守交通安全。我也会对路线给您必要的提示！"
调整合适的位置	"我来帮您调整一下座椅、方向盘和后视镜。因为一款讲究操控性能的车，舒适、正确的驾驶姿势很重要。您看这样合适吗？"
告知档位使用	对于驾龄较短的顾客，建议销售顾问就排挡的使用，在起步前详细讲解给顾客

3. 试驾

（1）试驾时沟通参考重点

引导重点	沟通建议
赞美顾客	"您开得还真不错，看来这款车真的很适合您"
起步（让顾客感受轻松的转向）	"科鲁兹配备了现今的助力转向，您看起步打方向是不是很轻松？而且方向感很清晰？"
直线行驶（让顾客感受发动机的平稳运转）	"您觉得在直线行驶时，发动机是不是运转很平稳？降噪效果在中级车中还不错？"
加速（感受加速性能）	"您加速时，是不是感到动力不错，没有吃力的感受？"
转弯（感受运动底盘）	"您在转弯时是不是感到车的侧倾不大，整个底盘很扎实？"
中段加速	"您觉得这台车的中段加速能力怎么样？"
相对高速转弯	"接下来的弯道，您可以感受一下我们的CBC弯中制动控制系统，高速转弯让您感到很平稳！"
颠簸路面	"接下来是颠簸路面，您可以感受一下科鲁兹的悬架和方向盘传递过来的路感！"
坡道	"接下来的坡道路面，您可以感受一下科鲁兹低转速高转矩的发动机，让您轻松应对上、下坡路面！"

(2) 试驾的执行要点

1) 尽量少说话,以免引起顾客的反感。

2) 多赞美顾客,让顾客拥有满足感。

3) 在关键点,适当利用封闭式问题,寻求顾客认同。

4) 必要的安全提醒。

(3) 环节要点——试驾后

1) 表示感谢并说"您辛苦了"。

2) 邀请客户休息。

3) 倒水,递毛巾。

4) 寒暄并提及填表。

5) 销售人员亲自或指引顾客将车开到展厅门口。

6) 销售顾问应首先下车,主动替顾客开车门,防止客人头部碰到车门等。

7) 提醒顾客确认无东西遗忘在车内。

(4) 抗拒处理——应对话术参考

抗拒问题	对应话术案例
发动机声音太大	"您也知道我们的发动机来自欧洲,特点就是动力澎湃,您有没有注意到,发动机声音低沉有力,就像运动员一样。"
座椅好像小了一点	"您注意到了吗?我们的座椅和别的车不太一样,包覆感很强,您刚才转弯的时候是不是感觉腰部的支撑很有安全感?"
刚才好像颠得蛮厉害的	"的确,正如您所说,这台车的路感非常强,无论路况如何,您都会感到四个轮胎牢牢地抓住了地面,所以它的操控和制动才会如此出色。"
内饰灰色太沉闷	"米色的内饰太淡了,较难清洁;黑色很酷,但略显压抑,有灰尘也非常清晰;而灰色是现在的时尚主流色调,宝马、奔驰等豪华车都纷纷采用灰色内饰,紧跟时尚。"
后排坐三个人好像小了点	"的确,轿车的后排坐三个人是有点挤,不过一般情况下我们都不会满员乘坐,您说是吗?在同级车里,我们的内部空间还是相对较大的。"
方向盘太小	"的确,方向盘是比较小,这是采用现在流行的赛车制式方向盘设计,凸显运动驾驶本色,让您尽享驾驶快乐。"

【案例二】

试乘试驾协议书(样式一)

上海大众延安4S店试乘试驾协议书

甲方:上海大众汽车延安4S店   乙方:(试驾专员)

试驾车型:途观1.8T 都会版 菁英版

排　量:1.8T   2.0T

车牌号:待定

亲爱的客户：

我们真诚的邀请您试乘试驾上海大众首款SUV途观，体验我们车辆的优秀性能！

通过试乘试驾，您可以充分领略到上海大众车辆：

★ 良好的操控性能。

★ 人性化的设计。

★ 完善的功能配置。

为了达到试乘试驾预期的效果，避免由于人为原因造成不必要的损失，请您做出如下承诺：

本人自愿参加上述上海大众汽车特许销售服务商举办的轿车试乘试驾活动，具体车型和行车路线如上述所述。在试乘试驾过程中，本人将严格遵守行车驾驶的一切法规和要求，并遵守上海大众人员提出的有关驾车操作的指示，做到安全、文明驾驶，尽最大的努力保护自身的安全和演示车辆的完好，陪驾人员只负责车辆介绍，因个人驾驶不当致使人员受到伤害及其引发的相关责任全部由本人承担，相关保险等全部费用由客户先行垫付，如出现试驾车辆损伤，客户按维修金额的50%进行车辆赔付。

客户签字：　　　　　　　　　　　　　销售顾问签字：

身份证号：　　　　　　　　　　　　　联系方式：

　　　　　　　　　　　　　　　　　　　　年　　月　　日

试乘试驾协议书（样式二）

试乘试驾客户协议书

一汽-大众特许经销店名称：_____

试乘试驾车型：_____

本人于____年____月____日在一汽-大众特许经销店（　）自愿参加_____车型的试乘试驾活动，特作以下陈述与声明：

1. 本人保证在试乘试驾过程中严格遵守交通法规以及本次试乘试驾活动要求。

2. 完全服从经销店的指挥和安排，安全、文明驾驶。

3. 如因本人违背上述声明或者非所驾车辆之瑕疵的其他原因，①给本人或者他人造成了人身伤害或损失，②给所试驾车辆造成了损失，③给其他车辆或道路、场地等设施造成损失，超出保险公司赔付的部分将由本人承担全部责任，与经销店无关。试乘试驾人已阅读并理解了以上内容。

试乘试驾人签字：_____；____年____月____日

驾驶证号：_____；联系电话：_____。

情境实训

应用M-AB汽车商务情景仿真系统开展情境综合实训（具体展开形式参见汽车营销一体化情境实训指导手册）。

 汽车销售实务

作业

1. 两个学生演示试乘试驾流程。
2. 以北京现代伊兰特悦动1.8AT为例为你的客户制作一份试乘试驾方案。
3. 写一份实验报告。

项目七 异议处理

学习目标

- 了解顾客异议的含义
- 掌握顾客异议的类型
- 理解顾客异议产生的原因
- 掌握处理顾客异议的程序

技能要求

- 能识别顾客异议的类型
- 能分析和处理顾客异议
- 能用所学知识分析实际案例

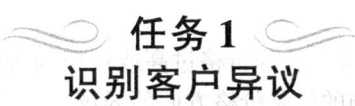

任务1 识别客户异议

一、任务分析

汽车销售人员在从寻找顾客到达成交易的整个销售过程中，不可避免地会遇到顾客的各种异议。任何一个销售人员都必须随时做好心理准备和思想准备，善于分析和处理各种顾客异议，努力促使顾客产生购买行为。

二、任务学习

1. 顾客异议的含义

顾客异议是顾客对销售人员所言表示的不明白、不同意或反对的意见。销售活动是从处理顾客异议开始的，且处理异议贯穿于整个销售过程的始终。汽车销售工作能否顺利进行，取决于汽车销售人员、产品和顾客之间能否保持协调一致。一般来说，顾客在接受销售的过程中，不提任何异议就着手购买的情况是不多见的。特别是在汽车销售过程中，这体现得尤为明显。顾客在购买某一品牌的汽车前，首先要考虑的是该品牌汽车的使用价值，即该汽车能否满足他某方面的需要。否则，顾客不会对该汽车产生兴趣。

此外，顾客在权衡产品时还会受到经济条件、心理因素、环境条件、汽车品牌等多方面因素的影响，因而对价格、质量、售后服务等提出一系列异议。"不提任何异议的顾客往往是没有购买欲望的顾客"，这句话在一定程度上是有道理的。因此，顾客异议是汽车销售过程中的一种正常现象，是难以避免的。作为一名汽车销售人员特别是那些刚刚从事汽车销售工作的人员，必须做好应付和消除顾客异议的准备。

2. 顾客异议的类型

在不同的销售环境、时间、地点条件下，汽车销售人员所面对的也是不同的顾客。他们因各种因素的影响，会提出各种不同的异议，汽车销售人员必须熟悉并善于应对顾客的种种异议，才能有效地说服顾客，取得销售的成功。一般来说，顾客的异议主要表现为以下几种类型：

（1）需求方面的异议　指顾客认为产品不符合自己的需要而提出的异议。当顾客对你说"我不需要"之类的话时，表明顾客在需求方面产生了异议。顾客提出需求异议的原因一般有两种：一是顾客确实不需要或已经有了同类产品，在这种情况下销售人员应立刻停止销售，避免不必要的资源浪费；二是这顾客想摆脱销售人员或是在销售谈判中占有主动的一种托辞。在汽车销售实践中第一种情况相对比较少见，第二种情况出现的可能性比较大，因此汽车销售人员应运用有效的异议化解技巧来排除障碍，从而深入开展销售活动。

（2）商品质量方面的异议　指顾客针对产品的质量、性能、规格、颜色、包装等方面提出的异议，也称为产品异议。这是一种常见的顾客异议，其产生的原因非常复杂，有可能由于产品自身存在的不足，也可能源于顾客自身的主观因素，如顾客的文化素质、知识水平、消费习惯等。有的顾客会认为日本车的安全性小于欧美车，买日本车不安全等。在汽车销售实践中，此种异议是汽车销售人员面临的一个重大障碍，并且顾客一旦形成就不易被说服。

（3）价格方面的异议　指顾客认为价格过高或价格与价值不符而提出的异议。在销售过程中，汽车销售人员最常碰到的就是价格方面的异议，这也是顾客最容易提出来的问题，往往也是双方矛盾的焦点。一般来说，顾客在接触到某一款汽车后，都会询问其价格。因为价格与顾客的切身利益密切相关，顾客对产品的价格最为敏感，一般首先会提出价格异议。即使销售人员的报价比较合理，顾客仍会说："你们的价格太高了"、"能不能再少一点"等。在他们看来，讨价还价是天经地义的事。对于有经验的销售人员来说，顾客提出价格方面的异议，也是表示顾客对产品感兴趣，这是顾客产生购买意愿的信号。因此，汽车销售人员应把握机会，可适当降价，或从产品的材料、工艺、售后服务等方面来证明其价格的合理性，说服顾客接受其价格。

（4）服务方面的异议　指顾客针对购买前后一系列服务的具体方式、内容等方面提出的异议。这类异议主要源于顾客自身的消费知识和消费习惯，处理这类异议，关键在于提高服务水平。在现行汽车销售模式中都非常重视服务，特别是售后服务活动的展开，甚至许多汽车销售商之间的竞争也变成了售后服务之间的竞争。

（5）购买时间方面的异议　指顾客认为现在不是最佳的购买时间或对销售人员提出的交货时间表示的异议。当顾客说"我下次再买"、"我下次再来看看吧"之类的话时，表明顾客在这方面提出了异议，但要注意的是，顾客提出异议的真正理由往往不是购买时间，而是对价格、质量、付款能力、需求等方面存在问题。在这种情况下，汽车销售人员应抓住机会，认真分析时间异议背后真正的原因，并进行说服或主动确定下次见面的具体时间。此外，在汽车销售实践中经常会碰到由于企业生产安排和运输方面的原因，或正处于销售旺季，可能无法保证产品的及时供应。在这种情况下，顾客有可能对交货时间提出异议。面对此种异议，销售人员应诚恳地向顾客解释缘由，并力争得到顾客的理解。

（6）指顾客对销售人员的行为不满意　这种异议往往是由汽车销售人员自身原因造成的。在现实中，由于某些销售人员素质相对较低，服务态度不好，或自吹自擂，过分夸大产品的优点，或不注意仪容仪表等都会引起顾客的反感，从而拒绝购买产品。这些都是作为一名成功销售人员应该避免的，出现上述情况对销售的打击往往是致命的，有句话说得好"要想推销产品，首先得把自己推销出去"。因此，汽车销售人员一定要注意保持良好的仪容仪表，言谈举止得体，并注意自身素质的培训，争取给顾客留下良好的印象，从而顺利地开展销售工作。

（7）支付能力方面的异议　指顾客由于无钱购买而提出的异议。在现实销售过程中，这种原因往往并不直接地表现出来，有时会通过其他方面表现出来，比如顾客会提出产品质量方面的异议，销售人员应善于识别。一旦觉察确实存在缺乏支付能力的情况，可以建议通过按揭贷款等途径解决。如果不得已而停止销售，态度也要和蔼，以免失去其成为未来顾客的机会。

【案例一】

一位客户到店选购车辆，进门5分钟后仍没有销售顾问上前服务，此刻，你正好从旁边经过，并对你抱怨道："你们这里的人都到哪里去了？我来了这么久没有一个人做我的生意？"你作为销售顾问，如何应答？

分析：

这是顾客对服务方面提出的异议，作为销售人员应及时作出解释并请求顾客谅解而且要进一步鼓励顾客多提意见，让顾客意识到其重要性。

【案例二】

当客户所需要的车辆与贵公司现有车辆有差异时（例如：该顾客需要1.6升的汽车，而该公司的车均为1.8升以上车辆），作为销售顾问的你还会极力为其推荐本公司车辆吗？

分析：

①首先要说明1.8升与1.6升的优缺点给客户听；②作为本公司的销售人员，首先要先推荐本公司的车辆，向其客户介绍1.8升车型的动力性能及其在高速上的优越性能和经济性。若客户不满意，则推荐其他比较适合该客户的车型。

任务 2
分析客户异议的成因

一、任务分析

顾客异议产生的原因往往是非常复杂的。正确认识顾客提出的种种异议及其产生的根源，是有效地处理这些异议的前提条件。顾客异议的原因是多方面的主要体现在顾客、产品、价格等方面。

二、任务学习

1. 顾客方面的原因

（1）顾客的偏见　顾客由于自身经历等方面的原因，往往会提出一些不合理的异议，这往往是由顾客的偏见造成的，比如顾客对日本品牌的汽车在安全性上的评价总要打折扣。偏见导致顾客在看问题时十分片面，缺乏整体观念，而且偏见一旦形成就很难克服。因此无论是企业还是汽车销售人员，在进行宣传或销售时务必要谨慎，不要轻易让顾客产生偏见。

（2）顾客的支付能力　即使顾客对产品存在需求，且意识到了这种需求，若顾客的支付能力不足，仍会拒绝购买产品。作为汽车销售人员可以向顾客提出一些建议，如贷款等。当然销售人员也要善于察言观色，避免无效的销售行为。同时也要注意自己的态度，不放弃一切成为自己未来顾客的可能。

（3）顾客的购买习惯　在很多情况下，顾客拒绝购买产品，是由其本身的购买习惯决定的。顾客在长期的购买活动中已形成了一些固有的习惯，而这些习惯是很难改变的。所以，当销售活动与顾客的购买习惯不一致时，顾客就会提出异议，增加销售的难度。

（4）顾客的消费知识　大多数顾客对汽车这种产品不具备相应的专门知识。由于顾客缺乏消费知识，或销售人员不能详尽地介绍产品，会导致顾客提出异议。这种异议可以经销售人员自身努力而克服，因而销售人员应予以高度重视。

（5）顾客的购买权力　一般来说，无论是家庭个人购买还是一个机构组织购买，都有购买权力的决策中心。如果汽车销售人员关注的顾客无权决定购买什么样的产品，他就可能借故对购买条件、购买时间等提出异议。因此，汽车销售人员在判定顾客资格时，一定要认真仔细，这也是成功销售的必要前提，是值得广大销售人员关注的。

2. 产品方面的原因

（1）产品的功能　功能是指产品的功用、效用，这决定了产品能给顾客带来的使用价值的大小。所以功能的多少也是顾客选择汽车产品时的一个重要依据。若功能太多或太少，或功能不能符合顾客的需要，顾客当然会提出异议，从而拒绝购买该产品。

（2）产品的利益　顾客购买产品，并不是单纯为了产品本身和产品所带来的基本利益。只有当你的产品能为顾客带来比其他产品更多的利益和好处时，如节省时间、服务更完善等，顾客才有可能放弃购买其他产品而购买你的产品，否则，顾客就会因此而提出异议。

（3）产品的质量　产品的质量是产品的一切属性中最重要的属性，它是产品的生命，汽车产品质量的好坏直接影响到顾客的购买行为。顾客对产品的功能、造型等方面的选择都是以产品质量令顾客满意为前提的。如果顾客认为产品质量不过关，或不能达到令他满意的标准，就会提出异议，而且一般很难改变。

（4）产品的造型、式样、包装等　产品的造型、式样、包装等属性是产品的非基本属性。但是，随着汽车市场产品的不断增多，竞争日益激烈，不同品牌汽车在质量、价格、功能等方面相差无几。在这种情况下，顾客对产品的要求越来越高，对其造型、式样、包装等方面的重视程度也不断增加。若产品的外观没有什么特色，或不能满足顾客的特定需求，他们就会对产品的这些方面提出异议。

3. 价格方面的原因

在现实中价格异议往往已经成为销售人员与顾客之间谈判的焦点，价格方面的原因使顾客提出异议的情况在销售中是比较常见的。一般多表现为顾客认为价格过高而与销售人员讨价还价，但也有认为价格偏低而拒绝购买产品的。

（1）价格过高　顾客认为产品价格过于昂贵，或认为高于同类产品的竞争对手的产品价格。这是因价格原因而产生异议的最普遍的情况，具体原因如下：

1）一般而言，顾客会对某一品牌汽车通过各种途径了解到其大致价格，或者顾客对市场上同类产品的价格已形成自己的看法，将此产品的价格与之相比较，认为此产品的价格过于昂贵。

2）有的顾客通过对产品成本的估算，心中确定了一个自认为合理的价格，相比之下认为此产品价格昂贵。这种看法往往存在偏差，尤其对汽车这种知识产权等无形价值含量高的产品往往低估其价格。

3）顾客由于经济原因对产品虽有需求，但缺乏支付能力，因而认为产品贵。

4）有些顾客无论对什么产品，都觉得对方报价贵，因而无论对方报什么价，都要讨价还价。

5）顾客以价格贵为由来试探销售人员，看是否仍有进一步降价的可能，以实现自己利益的最大化。

6）顾客根本无意购买产品，只是以价格高为借口以摆脱销售人员，对这种情况销售人员应该能有所辨别，避免销售资源的浪费。

（2）价格过低　在某些情况下，顾客会因销售商品的价格过低而拒绝购买产品。主要受以下因素的影响：

1）顾客经济条件比较好，没必要买价格低廉的商品，认为购买价格低的产品会影响他的社会地位等。

2）顾客心理有种"便宜没好货，好货不便宜"的想法，产品价格低，就担心产品质量存在瑕疵等。

（3）讨价还价　对于顾客认为价格过高的产品，顾客若确实有购买欲望的话，必然要与销售人员进行讨价还价。顾客讨价还价主要出于以下动机：

1）一般而言，出于自己利益的动机，顾客大多希望购买物美价廉的产品。

2）有的顾客出于攀比心理，希望自己购买到的产品总比其他人价格更低些。

3）在现实中，顾客希望在讨价还价中显示自己的谈判能力，获得心理的满足。

4）顾客希望从别处购买产品，通过讨价还价，心里对产品价格有一个底，以便于获得较低的价格在后面的谈判中向第三方施加压力，从而占得主动。

5) 顾客根据自己的经验，认为价格多数有"水分"，希望通过讨价还价，让销售人员做出让步。

【案例】

客户来到4S店，询问某车型的价格，在得知最大优惠价后，向销售顾问说："同城的另一家4S店里同款车型比你们这还便宜2000元，而且还有装饰送，你们这不是全国统一售价吗？为什么还会存在这么大的差距？"作为一个全面的销售顾问，你该如何作答？

分析：

我们要确定顾客的信息是否准确，为我们这里的价格高作解释：可能价格是高而售后服务好，买车要考虑多个方面，不能只看价格。同城两家店如有协议价，就应该自信，并耐心向客户解释，让客户接受。如没协议价，告知此价格只是自己最大权限，再请示领导作出让价。

任务3
处理客户异议

一、任务分析

正确地处理顾客异议是销售成功的关键。销售人员要解决顾客疑难问题，说服顾客购买自己的商品，就必须学会恰当地处理顾客可能提出的各种异议。

二、任务学习

1. 处理顾客异议的态度

我们已经知道顾客在购买过程中出现异议往往是不可能避免的。顾客异议是成交的障碍，但同时我们也应看到顾客异议，是对产品产生了兴趣。若处理得当，反而能促使销售工作进一步深入下去。所以处理好顾客异议往往被认为是销售成功的关键。那销售人员在处理异议时应注意哪些方面的问题呢，具体而言应该做到以下六个方面：

（1）情绪轻松，不可紧张　销售人员要认识到异议是客观存在的，在心理上不可有反常的反应。当听到顾客提出异议后，应保持冷静，想办法处理。最忌讳的是，有些不成熟的销售人员情绪极容易受到外界影响而波动，甚至对顾客采取不友好的行为，这样不仅导致一次交易的失败，更会影响到顾客对整个企业形象的判断，所以作为汽车销售人员一定要注意这个问题。

（2）认真倾听，表示欢迎　听到顾客所提的异议后，销售人员应承认顾客的意见并表示出对顾客的尊重。即使顾客的异议有时不合理，是对企业或产品偏见，也应对顾客的意见真诚地表示欢迎和感谢，并聚精会神地倾听，千万不可加以阻挠。这样，当你提出相反意见时，顾客自然也较容易接纳你的提议。

（3）重述问题，证明了解　由于汽车产品的独特性，顾客对问题的描述有时不尽准确，销售人员应向顾客重述其所提出的异议，表示已理解顾客所要表达的意思。必要时可询问顾客，确认其重述是否正确，并选择异议中的若干部分予以诚恳的赞同。

（4）谨慎回答，保持友善　销售人员对顾客所提的异议回答时必须谨慎。一般而言，应以沉着、坦白、直爽的态度，将有关事实、数据、资料或证明，以口述或书面方式送交顾客。措词须恰当，语调须温和，并在和谐友好的气氛下进行洽谈，以解决问题。即使不能解答，也不可信口开河。

（5）尊重顾客，灵活应对　销售人员切记不可忽略或轻视顾客的异议，以避免顾客产生不满或怀疑，使谈判交易无法继续下去。销售人员也不可生硬地直接反驳顾客，如果粗鲁地反对其意见，甚至指责其愚昧无知，则你与顾客之间的裂痕永远无法弥补。

（6）准备撤退，保留后路　应该明白不是顾客的所有异议都能解决，但销售人员与顾客在洽谈时所持的态度及采用的方法，对于未来的关系都有很大的影响。如果根据谈判的结果认为一时不能成交，那就应设法使日后重新洽谈的大门敞开，俗语讲的好"买卖不成人情在"。因此，要具备时时做好遭遇挫折的心态。在这个时候适宜地"光荣撤退"也是为今后的成功交易奠定基础，所以销售人员不能有一丝一毫不耐烦的神情表现出来。

2. 处理顾客异议的一般程序

（1）认真听取顾客提出的异议

1）认真听取顾客的意见，是分析顾客异议、形成与顾客之间良好的人际关系、提高企业声望、改进产品的前提。当顾客提出异议时，销售人员不要匆忙打断对方的话和急于辩解，这样做非常容易演化为争吵，不但导致销售的失败，而且有损企业的形象和产品的形象。

2）在回答顾客异议之前，销售人员一定要仔细、彻底地分析顾客异议背后真正的原因。顾客提出异议的原因是极其复杂的，有时顾客嘴里说的并不是心里想的，有时几种原因会交织在一起，从而给分析顾客异议加大了难度。有经验的销售人员在摸不清顾客的确切意图时，往往会引导顾客讲话，从而逐步从其话语中摸索出顾客的真实想法，然后对症下药，消除顾客的异议。

3）转化顾客的异议。当顾客提出异议时，一方面销售人员要表示接受顾客的异议，另一方面又要运用销售技巧劝说顾客放弃其异议。具体来说，销售人员在完成该项工作时，应注意以下几点：

第一，有些顾客提出的异议是正确的，这时销售人员要虚心地接受，而不要强词夺理，拼命掩饰自己产品的缺点和不足，否则易引起顾客的反感和厌恶情绪。在有些情况下，在承认顾客意见正确性的同时，可指出自己产品具有的突出优势，让顾客权衡得失。因而，即使在顾客提出的异议正确的情况下，销售人员也不应放弃，要力图使顾客了解并重视产品的优点。比如，当顾客说"你们的产品太贵了"时，销售人员回答："您说得很正确，与同类产品相比，我们的产品价格确实略高。但是我们的产品采用目前最先进的技术制作而成，且保修 5 年，比其他产品的保修期要长 2 年。您看我们的产品价格略高是不是也物有所值呢?"

第二，无论在什么情况下，都要避免与顾客发生争吵或冒犯顾客。与顾客争吵的结果有可能是顾客赢了，销售人员理屈词穷；也有可能是销售人员赢了，顾客走了。无论哪一种情况，都是以销售失败为最终结果的。因此，与顾客争吵是销售人员的大忌，销售人员应锻炼自己的忍受能力、讲话艺术，避免与顾客针锋相对。即使在有些情况下，顾客提出的异议是错误的，销售人员也不要不留情面地直接反驳顾客，这样易使顾客恼羞成怒。而应婉转地以间接的方式进行劝说，使其最终放弃自己的异议。因此，销售人员在劝说顾客时，特别要注意言语的技巧，避免使用挑衅性的语言。举例来说，顾客经常会提出"你们的产品价格太高了"之类的异议。假设顾客的异议是错误的：销售人员也不要直接反驳。可以说："您说的也有道理。这类产品目前还不能实现完全自动化生产，许多环节仍必须以手工劳动完成，生产规模上不去，可能产品确实是贵了点儿，但与其他企业的产品相比，我们的产品至少便宜××元。"

第三，在回答顾客的异议时，要尽量简单扼要。销售人员在回答顾客的异议时，越简单越好。这样一方面可以节约时间，提高销售的效率，另一方面可以避免顾客抓住销售人员的话柄提出新的异议。此外，销售人员应站在顾客的立场上为顾客解决问题，而不是以局外人的身份提供个人的看法和意见。

（2）适时回答顾客的异议　面对顾客提出的异议，销售人员在什么时候回答最合适呢？销售人员回答异议的时机也是非常有讲究的。销售人员应根据销售环境的情况、顾客的性格特点、顾客提出的异议的性质等因素，来决定提前回答、及时回答、稍后回答，或是不予回答。

1）提前回答。指在顾客提出异议之前就回答。一个经验丰富的销售人员往往能预测到顾客有可能会提出哪些意见，并在销售过程中及时察觉。这时，销售人员应抢在顾客前先把问题提出来，并自己进行解答。如当一位销售人员在介绍产品功能时，发现顾客的脸上显现出不满的表情。根据以往的经验，销售人员判断顾客可能认为产品功能不全。这时，销售人员可及时地将顾客可能提出的异议说出来："我们的产品功能确实不太多，但所有基本功能保证都是齐全的。"

这样的回答至少有以下几个优点：

第一，销售人员主动提出顾客可能提出的异议，可以先发制人，避免纠正顾客或反驳顾客而带来的不快，提高销售的成功率。

第二，使顾客感到销售人员考虑问题非常周到，确实是站在顾客的立场上为顾客的利益着想，从而对销售人员产生好感，营造出友好、和谐的销售氛围。

第三，使顾客感到销售人员非常坦率，将产品的优点和缺点完全摆出来让顾客判断，并没有刻意隐瞒缺点。故对销售人员所介绍的产品的优点，甚至对销售人员本身的信任也增加了。

第四，同一种异议，若由顾客提出来有可能会百般挑剔、吹毛求疵；若由销售人员主动提出并婉转地加以解决，则会大事化小、小事化了。

第五，销售人员主动提出异议并自己解答，可以节省时间，提高销售的效率。

2）立即回答。指对顾客的异议立即予以答复。对比较重要并且容易解决的问题，销售人员应立即予以回答。一方面，显示销售人员重视顾客，并能立即消除顾客的忧虑；另一方面，若任顾客提出意见而不予回答，顾客的异议增多，对产品的不满会越来越多，以致很难扭转。因此，销售人员在销售洽谈过程中应有选择地及时解决一些问题，避免留下后患。

3）稍后回答。指对顾客提出的异议，稍后再予以回答。主要出于以下几种原因：

第一，销售人员认为顾客提出的异议比较复杂，不是一两句话可以解释清楚的，故稍后再作回答。

第二，销售人员无法回答顾客的意见，或需要搜集资料，故暂时放下，以后再选择恰当

项目七 异议处理

的时间或另找恰当的人来回答。

第三，销售人员认为随着销售业务的进一步深入，顾客提出的异议将不答自解，故暂时不予回答。

第四，销售人员认为若立即回答顾客的异议会影响销售工作的顺利进行，故先放下问题，稍后作答。不然，若任顾客在这一问题上纠缠下去，销售人员将不能进行下面的工作，不能充分向顾客展示产品的优点，可能导致销售失败。

第五，销售人员认为顾客的问题无关紧要，希望避免顾客以为销售人员总是与顾客作对，唱反调，故不马上予以回答。

4) 不予回答。指对顾客提出的异议置之不理，不予回答。对于顾客由于心情欠佳等原因提出的一些异议，或与购买决策无关的异议等，销售人员可以不予回答。

(3) 收集、整理和保存各种异议　收集、整理和保存各种异议是非常重要的，销售人员必须予以充分的重视，并做好这项工作。顾客的许多意见往往是非常中肯的，确实指出了产品的缺陷和应改进的地方，使企业改进产品有了一定的方向。此外，顾客的某些想法有可能激发企业的创新灵感，从而开发出满足顾客需要的新产品。销售人员对于顾客提出的各种异议不应采取"左耳进，右耳出"的态度，可在销售工作告一段落后加以收集、整理和保存。通过这项工作，销售人员可以了解顾客可能提出的异议，并据此设计令顾客满意的答案。这样，在日后面对顾客提出类似问题时才不会惊慌失措，才会提高自己对销售工作的信心。

3. 处理顾客异议的主要方法

顾客的异议多种多样，处理的方法也千差万别，必须因时、因地、因人、因事而采取不同的方法。在销售过程中，常见的处理顾客异议的方法有以下10种：

(1) 转折处理法　这种方法是销售工作中的常用方法，即销售人员根据有关事实和理由来间接否定顾客的异议。应用这种方法是首先承认顾客的看法有一定道理，也就是向顾客作出一定让步后才讲出自己的看法。此法一旦使用不当，可能会使顾客提出更多的异议。在使用过程中要尽量少使用"但是"一词，而实际交谈中却包含着"但是"的意见，这样效果会很好。只要灵活掌握这种方法，就会保持良好的洽谈气氛，为自己的谈话留有余地。当然，如果再类比几个例子，效果一定会更好。

(2) 转化处理法　这种方法是利用顾客的异议自身来处理。我们认为顾客的异议是有双重属性的，它既是交易的障碍，同时又是很好的交易机会。销售人员要是能利用其积极因素去抵消其消极因素，未尝不是一件好事。

(3) 以优补劣法　又叫补偿法。如果顾客的异议的确切中了你的产品或企业所提供的服务中的缺陷，千万不可以回避或直接否定。明智的方法是肯定有关缺点，然后淡化处理，利用产品的优点来补偿甚至抵消这些缺点。这样有利于使顾客的心理达到一定程度的平衡，有利于使顾客作出购买决策。

(4) 委婉处理法　销售人员在没有考虑好如何答复顾客的异议时，不妨先用委婉的语气把对方的异议重复一遍，或用自己的话复述一遍，这样可以削弱对方的气势。有时转换一种说法会使问题容易回答得多，但你只能减弱而不能改变顾客的看法，否则顾客会认为你歪曲他的意见而产生不满。你可以在复述之后问一下："你认为这种说法确切吗？"然后再说下文，以求得顾客的认可。比如顾客抱怨"这价格比上个月高多了，怎么涨了这么多。"销售人员可以这样说："是啊，价格比上个月确实高了一些。"然后再等顾客的下文。

（5）反问法　这种方法是指销售人员对顾客的异议提出反问来化解顾客异议。常用于销售人员不了解顾客异议的真实内涵，即不知是寻找借口还是真有异议时，进行主动了解顾客心理的一种策略。采取反问法时，应注意销售礼仪和保持良好的销售气氛。

（6）反驳法　这种方法是指销售人员根据事实直接否定顾客异议的处理方法。理论上讲，这种方法应该尽量避免。直接反驳对方容易使气氛僵化而不友好，使顾客产生敌对心理，不利于顾客接纳销售人员的意见。但如果顾客的异议产生于对产品的误解或你手头上的资料可以帮助你说明问题时，你不妨直言不讳。但要注意态度一定要友好而温和，最好能引经据典，这样才有说服力，同时又可以让顾客感到你的自信，从而增强他对产品的信心。

比如顾客提出你的售价比别人贵，如果你的产品实行了销售标准化，产品的价格有统一标准，你就可以拿出目录表，坦白地指出对方的错误之处。反驳法也有不足之处，这种方法容易增加顾客的心理压力，弄不好会伤害顾客的自尊心和自信心，不利于销售成交。

（7）冷处理法　对于顾客一些不影响成交的异议，销售人员最好不要反驳，采用冷处理的方法是最佳的。千万不能顾客一有异议，就反驳或以其他方法处理，那样就会给顾客造成你总在挑他毛病的印象。当顾客抱怨你的公司或同行时，对于这类无关成交的问题，都不予理睬，转而谈你要说的问题。

比如顾客说："啊，你原来是××公司的销售员，你们公司周围的环境可真差，交通也不方便呀！"尽管事实未必如此，也不要争辩。你可以说："先生，请您看看产品……"销售专家们认为，在实际销售过程中绝大多数的异议都应该冷处理。但这种方法也存在不足，不理睬顾客的异议，会引起某些顾客的注意，使顾客产生反感。且有些异议与顾客购买关系重大，销售人员把握不准而不予理睬，可能有碍成交，甚至失去销售机会。因此，使用这种方法时必须谨慎。

（8）合并意见法　这种方法是将顾客的几种意见汇总成一个意见，或者把顾客的异议集中在一个时间讨论。总之，是要削弱异议对顾客所产生的影响。但要注意不要在一个异议上纠缠不清，因为人们的思维有连带性，往往会由一个异议派生出许多异议。摆脱的办法，是在回答了顾客的异议后马上把话题转移开。

（9）比较优势法　这种方法是指营销员将自己产品与竞争产品相比较，从而突出自己产品的优势。

（10）价格比较法　当顾客指出有关价格异议时，销售人员进行横向或纵向的对比来解决顾客异议。

【案例一】

悦动产品异议处理的实例

悦动的高性价比赢得了不少顾客的青睐，但是顾客对于韩国品牌质量的担忧也确实是影响销售的一个重要因素，下面这一组案例为大家提供了成功的经验和失败的教训。其中两个成功案例中，销售顾问精彩的异议处理堪称经典，望大家活学活用，共同提高。两个失败的案例中，销售顾问所犯的错误极具普遍性和典型性，望大家

项目七 异议处理

引以为戒。

意向车型：悦动

顾客懂车，是两位中年男性，A是一个工薪阶层，是实际的决策者和使用者，B是一个出租车驾驶人，是陪同前来的参谋专家。销售顾问：C（男）。刚刚入职半年，产品知识滚瓜烂熟，属于"热情的讲解员"。殊不知"热情"的讲解加上一连串的优点陈述会给自己招来不必要的麻烦。

A：你们这个车油耗高不高啊？

C：我们这款伊兰特悦动采用的是CVVT的发动机，不光在同级别车中功率最高，而且油耗还特别低，百公里等速油耗才6升多，非常省油。（优点陈述）

B：那实际油耗哩？

C：实际油耗也很低，手动档的在城市工况不超过8升，在同级别里也算得上数一数二的。（优点陈述）

B：真有那么低？（招致异议）

A：这个车的保养费用贵不贵啊？

C：不贵啦，换油保养一次不到200块钱。很经济的。

A：嗯，还可以。唉，听说北京现代的车质量上还是比不上丰田呢？（自发异议，实际上代表顾客对于产品质量方面的关心）

C：这个您可以放心，我们北京现代的车质量非常有保证。不光有2年6万公里的整车质保，还特别推出了动力总成的5年10万公里质量担保（特征陈述）。这个可是国内最长的质保期了（优点陈述，完全不掌握异议处理的基本技巧，根本不关心顾客实际关注的需求点），保证您用起来放心。

B：动力总成都保哪些？

C：就是发动机和变速器。

B：唉，这个你就乱讲了，我开车这么多年我还不知道，发动机和变速器开个10万公里根本就应该没问题，这个质保瞎搞了，没意思。（招致顾客异议，顾客表示对销售顾问的讲解不认可）

C：哦，这个……（无言以对）

分析：

1. 销售顾问之前的一连串优点陈述已经向顾客施加了一定的销售压力，顾客已经感受到不舒服。

2. 当顾客提出对于质量的自发异议时，销售顾问没有能够设身处地地站在顾客的角度考虑，为什么顾客会问这样的问题？顾客到底关注的是哪一点？潜台词是什么？只是迫切地抬出5年10万公里的超长质保期。况且话术的使用极为生硬，完全是在推销。没有一点互动沟通的意识。

3. 之前没有了解到足够的顾客背景信息，不知道顾客的角色和职业背景，以至于最终招致了顾客的异议，并无法化解。

【案例二】

意向车型：悦动

顾客也懂车，年轻夫妇。因为刚搬家，妻子上下班较远，故考虑买车代步。妻子是新手，之前用丈夫的公车（捷达）练过手。

经过之前的接待，销售顾问已经很好地建立了融洽的沟通氛围，发现了顾客基本的需求点，并已经基本将意向车型锁定在悦动1.6升自动豪华型上。

销售顾问：真不好意思，试驾车出去了，得等一会儿。要不我先给您介绍介绍其他方面吧？

男：没关系，不着急。唉，小王啊，北京现代的这个质量是不是比那些大品牌还是差一些啊？（对于质量的自发异议，代表顾客对于质量的关注，顾客暂时占据了销售过程的主动）

销售顾问：李先生您考虑得真周到。甭管买什么东西，最根本的肯定是质量，要不然车子再漂亮，功能再多，一天到晚老出毛病谁也受不了，您说是吧。（异议处理第一步：承认事实的基础上夸赞顾客，属于基本但又非常实用的沟通技巧）

我接触过这么多顾客，大家对质量都是非常关心的，但是我发现有的顾客，特别是上了岁数一点的老驾驶人，他们觉得质量好，那就应该是这车只要是想开，开个10年、20年都成，发动机啊，变速器啊，这些重要的部件不出大毛病，不用大修。可是现在的顾客吧，很多人开不了那么长时间，他们觉得买一个车，开个六、七年就换了，发动机啊，变速器啊，不出大毛病是应该的，他们更看重这个车别出小毛病，毕竟买车是为了买个方便，要是三天两头出毛病，今天收音机不响了，明天空调不凉了，您说修吧，有时候不值得跑一趟，不修吧，怪别扭的，所以他们觉得车子最好是别出小毛病。（异议处理第二步：分解顾客的异议，关注顾客真正的需求关注点）

您看您是觉得怎么样就算是质量好啊？（异议处理第三步：反问顾客，重新占据销售过程的主动）

男：你说的还真是，我们单位有些老驾驶人就是喜欢拿老车说事。在他们看来，不大修就不算毛病，他们没事还爱自己换这个，修那个，现在谁还会干这个，就是平时家里用，当然是别出小毛病最好。（发现了顾客真实的想法，也就是明确需求。并且将"质量好"的定义锁定在别出小毛病，为后面的产品话术奠定了基础）

销售顾问：对啊。现在的车主很少有职业驾驶人，有谁愿意没事鼓捣它去啊。所以啊，现在权威的评审机构对于各个品牌的质量有一个非常统一客观的评价标准。

男：什么标准？

销售顾问：J.D.POWER就是目前最权威的机构，他们对各个品牌客户的新车进行跟踪，记录新车在一定时间内的故障率，谁的故障越少，故障率越低，质量就越好，评分就越高。（提供给顾客一个客观权威的评价标准，并且这个评价标准符合顾客对于"质量好"的定义）

男：是吗？那评审的结果怎么样？（顾客的需求被开发出来了）

销售顾问：您看，这就是去年J.D.POWER公司对数十个品牌评审的结果，这里是前

项目七 异议处理

十名的排名和故障率,现代的车质量得分还是非常高的,排在丰田和宝马后面,位居第三,说明质量还是非常不错的。(利益陈述,向顾客表示,这不就是你想要的"不出小毛病吗"?)

男:边看边点头,嗯,确实不错。(获得利益,表示认可)

女:那比大众还高?(又一个异议)

销售顾问:是啊。(第一步:承认事实)因为评审的标准是新车尽量少出毛病。大众的车技术太复杂,太先进,对咱们来讲有点技术过剩。(第二步:分解异议。紧紧抓住顾客真正的利益点:不出小毛病)李先生肯定知道,越复杂的东西越容易出毛病不是?(第三步:反问顾客,再次占据主动。思考:为什么不问女顾客?)

男:对,德国车就是太复杂,我们单位买了一辆帕萨特,不知为什么老是报警,谁也弄不好,弄到服务站去,也没彻底搞明白,只是说没什么大事,不妨碍开。自己家买车,这样肯定不行。老是带着故障工作,总觉得心里不踏实。

销售顾问:就是啊。

男:看来现代的车还是不错。虽说技术含量不是很高,但是够用就好,太复杂了反而弄不好给自己找麻烦。(获得利益,表示认可,并且透露出又一个观点:并不太重视技术含量,够用就好。这对于销售方来讲非常重要。思考:知道了这个观点以后,产品介绍应如何展开?)

分析:

销售顾问能够成功地将顾客的自发异议转化为一个利益点,除了熟练掌握异议处理的三部曲之外,还依赖以下三点因素。

首先,在顾客接待阶段严格执行了规范,消除了顾客的戒备,营造了非常融洽的沟通氛围,极其顺畅地过渡到需求分析阶段,并掌握了销售过程的主动。

其次,通过精心策划好的问题发现了顾客之前开过捷达,于是销售顾问就势夸赞捷达皮实省油,维修方便费用低,并追问顾客的实际用车感受。不单了解到女顾客是实际的使用者及其消费喜好,而且了解到男顾客对于捷达质量的看法:"皮实吗,你看怎么说,大毛病没有,小毛病不断,嗨,公车,凑合开呗"。从那时起,销售顾问就已经做好了准备,当顾客提出质量的自发异议时,才能够有条不紊地进行转化。

最后,销售顾问深刻地理解了利益和优点的区别,绝不轻易地抛出产品培训中要求的产品话术,而是反复和顾客确认,步步为营,做足了铺垫,直到最终将顾客的明确需求(不出小毛病)牢牢锁定在产品的卖点(J. D. POWER 的评价标准和现代的排名)时,才不慌不忙地介绍卖点,不费吹灰之力满足了顾客的利益。

情境实训

应用 M-AB 汽车商务情景仿真系统开展情境综合实训(具体展开形式参见汽车营销一体化情境实训指导手册)。

汽车销售实务

销售顾问：两位对车还满意吧

作业

1. 张某去一个国产车4S店选购车辆，他觉得车子好不好看无所谓，关键是安全性能要好，但是他发现配置了较高级别安全配置的车比有很少的安全配置的车的价格要高得多，于是便问旁边的销售顾问，你们公司是不是不在乎车主的安全？为什么差距会这么大啊？你作为那个销售顾问，应如何回答？

2. 顾客看上了一款车子，内心觉得价格偏高。当他坐在驾驶室时，摆弄各种功能，就不停地抱怨这不好那不好，你如何跟顾客回应？

3. 销售顾问：入行时间不长的女销售。

顾客：一对年轻夫妇。对车不很了解。丈夫是IT公司白领，事业正处在上升期，有驾照，但是没怎么开过车。妻子正在考驾照。

意向车型：不确定。顾客正处在购买初期，对所有产品知识都非常感兴趣，进入展厅之后，几乎把所有的车型都问了一个遍。在经过将近一个小时的询问之后，双方坐下来进行新一轮"谈判"。

男顾客：小李啊，刚才听你介绍了这么多，总体感觉北京现代的这几款车配置还蛮高的。

销售顾问：是啊是啊，我们北京现代的产品一向是以高性价比赢得市场的，每一款车型都比同价位的其他车型配置丰富很多（优点陈述），真的挺适合家用的。特别是伊兰特悦动，是我们这卖得最好的，我看也是非常适合你们的。

男顾客：不过我有一个疑问，这个车价格这么便宜，还有这么多配置，质量上能保证吗？（自发异议，表示对质量的关心。思考：顾客为什么会这么问？配置高和质量之间有什么联系？）

销售顾问：这个您尽管放心。我们北京现代的产品质量都非常有保证（优点陈述）。特别是现在，推出了5年10万公里的超长质保期，对动力总成进行5年10万公里的质量担保（特征陈述），这是国内最长的质保期（优点陈述）。您说这质量还有什么不放心的吗？

女顾客：质保期是什么意思？

销售顾问：就是质量担保，在5年或者是10万公里之内，发动机或是变速器出了什么问题，厂家都有担保。对于家用车来讲非常合适。

女顾客：那只管发动机和变速器，别的就不管了吗？（招致异议）

销售顾问：当然不是了，整车质保2年或6万公里，只是发动机和变速器是关键部件，所以保5年或10万公里，这个超长的质保期可是国内独一无二的，别的厂家根本没有。这也说明北京现代的产品质量过硬。

女顾客：那为什么别的厂家没有？是不是你们的车有什么特别的问题？要不然为什么那么多厂家只有你们才有这么长（的质保期）？（招致异议，顾客仍然对"超长的质保期"有所怀疑，不认可）

销售顾问：这个倒不是…（思索对策）

男顾客：小李啊，刚才我可能没说清楚，我的意思是说，嗯，就像电脑一样，有的时候并不一定功能越多越好，也不一定配置越高越好，我是干IT的我很清楚，所有的国产机器配置都特别高，特别是山寨机，什么配置都有，但是并不是说它们的质量就好，反而配置越高就越容易死机（这是顾客真实的观点，是他的职业特点决定的）。而进口机器或者是合资大品牌质量就是好，要说配置肯定不如国产的，但是我还是愿意买大品牌的，用起来放心。杂牌机倒是有质量担保，老出毛病，老得修，那谁受得了啊，是吧！

销售顾问：对对，您说的是，您先坐，我给二位倒杯水去。（这位销售顾问还算有一点经验，考虑到没有把握继续这个话题，就没有勉强，倒水之后就把话题岔开了）

请用所学知识对销售顾问的行为进行点评。

项目八 价格谈判

学习目标

- 掌握报价的方法
- 掌握处理顾客要求减价的方法

技能要求

- 能正确把握顾客购车心理合理报价
- 能准确运用应对顾客要求减价的技巧

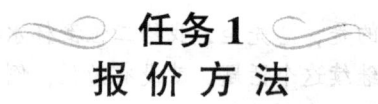

任务 1 报 价 方 法

一、任务分析

好的开始是成功的一半,在你第一次向客户报价时,的确需要花费一些时间来进行全盘思考。价格虽然不是谈判的全部,但毫无疑问,有关价格的讨论依然是谈判的主要组成部分,在任何一次销售谈判中价格的协商通常会占据70%以上的时间,很多没有结局的谈判都是因为双方价格上的分歧而最终导致不欢而散。卖方希望以较高的价格成交,而买方则期盼以较低的价格合作,这是一个普遍规律,它存在于任何领域的谈判中。虽然听起来很容易,但在实际的谈判中做到双方都满意,最终达到双赢的局面却是一件不简单的事情,这需要谈判技巧和胆略,尤其在第一次报价时尤为关键。

二、任务学习

汽车报价技巧

第一,销售员要克服心理障碍。不能因害怕生意做不成而一开口报价就报得很低。作为

项目八 价格谈判

一名优秀的销售员，在开口报价时，应了解同类汽车品牌的价位，也了解本店车型在同类车型中的价位所处的位置。若价位高，要回答为什么高？是产品的质量比同类产品高，还是用的材料比同类产品好，还是使用更方便更有科技含量，还是更节能更环保。总之，要让客户觉得你的产品价格是物有所值。若是中档价位，要回答：你的产品比高价位的产品优势在什么地方？使用了二等的材料却运用了最新技术，在使用方面并不比高价产品差。还是同样的品质就是要通过价格优势与高价位的产品竞争。若是低价位，你要回答：自己的产品为什么价位低？性价比如何？是有新的工艺还是有新的材料和技术，一样实用效果好。一句话：要讲出产品定价的依据，表明你报价的合理性。

第二，不要轻易报价。当客户直接询价时，要尽量通过问答的形式了解客户。比如可以问客户选定的车型，用车的要求，对车型配置的要求，还有没有特殊的需求。通过这些问题的回答，可以判断客户是不是真正需要购买，对于真正的客户，我们可以给一个非常详细的报价。当然，还有一种客户并不了解你所售的车型，也不了解该车型规格配置，想让你给他推荐。对于这种客户，你一定要把产品介绍清楚后再报价，在报价时，可以直言你的价格在同类车型中属于什么档次，一般会先报一个中等价格，告诉客户还有更高配置的车型，但价格会高一些，有配置低一些的，价格肯定优惠。总之，一定要留出继续谈价的余地。

第三，学会让客户报价。面对询价者，老练的销售员会问：你需要哪种配置的车型？或者，你想花多少钱来购车？一般有购车计划和目标的购车者，会把车型的性能、规格、技术要求报的很详细，价格也会有一定的范围，还会关心提车时间及售后服务等等情况。这类购车者一定是潜在客户，对市场行情也了解得非常清楚，这时你的报价一定要真实可靠，在介绍车型的卖点时也要清楚无误。当然，也有的客户根本不报价，因为他自己都不清楚，只是想以你的报价为依据，对于这样的客户，你了解清楚他的意愿后，一定要报一款最低的车型价格给他，但要说明这款车型的优劣势所在，让客户明白货与价的关系。

报价是一门学问，同时销售员由于报价技巧的不同，业绩也会出现很大的差距。要根据具体情况，把三种报价方式，结合起来用。报价永远是随机应变的，但要遵守一个原则——利润最低保障的原则，如果低于利润的最低保障，不如不做。

【案例一】

顾客在电话中询问底价，汽车销售人员应如何报价（仅针对最终用户——零售）？

顾客方面可能的话术：

"价钱谈好了，我就过来，否则我不是白跑一趟！"

"你太贵了，人家才……可以吧？可以我马上就过来。"

"你不相信我啊？只要你答应这个价格，我肯定过来。"

"你做不了主的话，去问一下你们经理，可以的话，我这两天就过来。"

分析：

电话中，我们无法判断顾客价格商谈的诚意。电话中的价格商谈是"没有结果的爱情"，因为即使满足了顾客的要求，也无法在电话中收款签单。同样，如果我们一口拒绝了顾客的要求，就连机会都没有了。

处理原则：
1) 电话中不让价、不讨价还价。
2) 不答应也不拒绝顾客的要求。
3) 对新顾客，我们的目标是"见面"；对老顾客，我们的目标是"约过来展厅成交"或"上门成交"。

处理技巧：

1. 销售顾问方面的话术应对（新顾客）

"价格方面包您满意。您总得来看看样车呀，实际感受一下。就像买鞋子，您总得试一下合不合脚呀！"

"您车看好了？价格不是问题。那买车呢，除了价格，您还得看看购车服务和以后用车时的售后服务，所以呀，我想邀请您先来我们公司参观一下我们的展厅、维修站，看看您满意不满意。"

"厂家要求我们都是统一报价，而且经常检查，查到我们让价的话要重罚的。所以，你要是有诚意的话，就到我们展厅来一趟，看看车，咱们见面都好谈。"

"再要么您忙的话，反正我经常在外边跑，哪天顺便过去一下，给您送点（车型、购车环节）资料介绍一下。"（刺探顾客的诚意）

"顾客是上帝呀，我哪能让您大老远跑过来！这样，我马上到您那去一趟，耽误您几分钟，您地址在哪儿？"（刺探顾客的诚意）

2. 销售顾问方面的话术应对（老顾客）

"顾客是上帝呀，我哪能让您大老远跑过来！这样，我马上到您那去一趟，耽误您几分钟，您的地址还是老地方吗？"（变被动为主动，刺探顾客的诚意）

"再要么今天您忙的话，反正我经常在外边跑，哪天我顺便过去一下，耽误您几分钟，给您送点（车型、购车环节）资料，再聊一下。"（变被动为主动，刺探顾客的诚意）

"别人的价格是怎么算的？车价只是其中的一部分呀，这电话里也说不清楚，要不您过来我帮您仔细算算？"

"您这个价格，我实在是很为难。要么这样，您跟我们经理（老总）谈一下？您哪天方便，我给您约一下？"

"我去问经理肯定没戏，像这种价格，准被他骂的。我倒觉得，您如果是亲自跟他面谈的话，以您这水平，没准能成呢，我再在旁边敲一下边鼓，应该问题不大。"

【案例二】

如果不是真正的价格商谈，仅是询价，想知道底价。汽车销售员应如何报价？

分析：

应先了解顾客的购车需求，然后推荐合适的车型请顾客决定。
处理技巧话术应对：
"关键是您先选好车，价格方面保证让您满意。"
"选一部合适的车，对您是最重要的，要不然，得后悔好几年。"

项目八 价格谈判

"我们每款车都有一定的优惠,关键是要根据您的用车要求,我帮您参谋选好车,然后给您一个理想的价格。要不然,谈了半天价,这款车并不适合您,那不是耽误您的功夫嘛。"

"这款车我就是给您再便宜,要是不适合您,那也没用啊!所以,我还是给您把几款车都介绍一下,结合您的要求,您看哪款比较适合,咱们再谈价格。您看好吗?"

"我售车好几年了,要不帮你做个参谋,根据您的要求推荐几款车?"

【案例三】

顾客第一次来店,刚进门不久,就开始询问底价"这车多少钱?","能便宜多少?"。

分析:

禁忌立即进行价格商谈报出底价。

处理技巧:

1)注意观察顾客询问的语气和神态。

2)简单建立顾客的舒适区。

3)询问顾客。"您以前来过吧?"(了解背景)"您以前在我们店或其他地方看过该车型没有?"(了解背景)"您买车做什么用?"(刺探顾客的诚意)"您已经决定购买该车型了吗?"(刺探顾客的诚意)"您为什么看中了这款车?"(刺探顾客的诚意)"您打算什么时间买?"

4)通过观察、询问后判断,最后根据询问情况报价。顾客是认真的吗?顾客已经选定车型了吗?顾客能现场签单付款吗?顾客带钱了吗?

任务 2
处理顾客要求减价的方法

一、任务分析

当报出的价格顾客认为太高,要求减价或者优惠时,我们可以采取哪些策略。

二、任务学习

策略一:转移视角,推销价值

将顾客从价格的执着转移到对产品整体价值的认知上。如:张小姐,您认为在价格方面贵了些,我也认同您的看法,但这是有道理的,就像奔驰汽车比起一般品牌的汽车要贵得多……同样,同一产品,在我们厂家经销,我们厂家的实力和品牌,对顾客服务有保障,能让您买得放心,买得满意,这就是价值所在。眼前就算您多花了一点钱,但买回的是您家人、朋友都赞美的和有保障的服务,您说这不是比起表面省一点点钱更值得吗?

策略二:探明虚实,掌握重点

以中肯的态度问顾客。告知买卖双方其实都有共同的利益点,讨价还价也是正常的,很

多问题我们都可以公开探讨一下，沟通越深入越有利于我们达成共识……如："我想请教一下，您认为我们的价格贵，主要是从哪些方面去理解和进行比较呢？""您是认为汽车的款式不好还是售后服务的问题？""您是认为汽车的配置问题还是操作起来比较困难？"提出一些相关的问题，来引导对方讲出自己真实的看法，从而掌握重点所在，再加以说服。

策略三：放出去收回来

当顾客不断要求再打折扣时。表示提出的折扣要求我们完全表示理解，如果我是顾客我也会有同样的要求。如：您试想想，厂家何尝不是也想以最高的价格出售，但是，毕竟市场不是由厂家单方面构成的，厂家也要考虑市场因素和消费者的承受能力，因此，厂家的定价也充分考虑到这些因素。同样我们也希望顾客能理解，如果厂家不顾顾客利益，不顾质量来降低成本，减低价格，我相信这是顾客所不愿看到的，因为毕竟汽车的质量是最为重要的，所以我相信如果您能理解到这一点，保持一个适当的价位，这也是自己的利益所在。

策略四：有理有据，耐心说服

首先以大量的资料来说明，用汽车的最新技术、功能、配置、人性化设计、企业的实力、信誉等一切有利的条件和顾客将获得的有关利益同价格作比较来说明，价格贵正反映了它的价值所在，这是明智的选择。其次价格最小化，把整个价格分成几部分，让每一部分的价格看起来低一些。例如：18万元的明锐，按8年报废计算，每天才花费您60元。比较法，与更加高价位市场的产品作比较。例如："我们明锐车装备的TSI发动机和奥迪TT采用同样的技术"。减少支付法，在心理上减少最终要支付的价钱。例如："您就按照百公里省2升油，每年1万公里行驶里程计算，1年下来就省200升油，节省1000元钱，相当于免交养路费了！"最后说明价格就是一种投资。又如："您希望这款车型能便宜一点，这正表明您喜欢它，是吗？它不仅能吸引你个人而且吸引您的家人、同事，也能体现您身份价值的所在。既然是自己喜欢的，您何不就将这当成是一项投资呢？如果有条件，就不应该为了节省一点而牺牲那么多的利益……"

策略五：同行比较、利弊分清

当顾客将本公司的车系同别家的不同车系作比较时，销售员就可以顺势了解顾客究竟欣赏别的车系什么方面，这样一举两得，既可以了解竞争者的情况，又可以了解顾客真实需求和购买动机。如："您刚才说我们的车系比起某某车系的价格高了，除价格以外，您是否能谈谈对方车系还有哪方面的优点是您比较喜欢的？另外有哪方面还未能满足您的需求呢？"真正的谈判是什么？是让顾客觉得就算多花了钱也是赚到了。价格谈判技巧需要经过长期的练习与总结，才能得到提高。

策略六：反悔策略

懂得反悔之道，是一个人通权达变，实现自我价值的必要开端。如果反悔对人对己都没什么坏处，而对于成功合作，玉成好事有促进之益，为何要执迷不悟呢？在销售中，更是如此，反悔成了一种赌博，只有在买主对你软磨硬泡的时候使用。

如果你给客户的最终价格已是你的底线了，可买主还在对你软磨硬泡要求再降两个点。第二天你给买主打电话，对买主讲："非常对不起，我对您昨天看的那款车先前的报价算错了，因为那台车新增了……"买主暴跳如雷，大骂你们不讲信誉，不过最终生意还是成了，以先前的最终报价成交。提高价格当然是不可能的，但买主也不再提降两个点了。反悔策略讲求"毁诺"要有理有节。"我保证"是语言中最危险的句子之一，所以在交易中许诺时就应该八成把握只说五成，而不应把话说绝说满，免得忽生变故时没有回旋余地。至于不能兑现的请求有时也可答应下来，但也应许诺巧妙，缓兵有术，更不应以拖延去反悔。

一个好的谈判者，不仅能够在消费者心里留下好的印象，也能为公司带来利益，更重要的是达到双赢的目的。一个好的谈判者是要经过长期的训练与摸索，然后慢慢的摸索出一套属于自己的谈判经，形成自己的谈判风格，这也是展现自己个性的另一个途径。

【案例一】

"底价你都不肯报，我就不到你这里买了。"

"你价格便宜，我下午就过来订……"

处理技巧：

1) 顾客如果没有承诺当场签单付款不要进行实质性的"价格商谈"，不要受顾客的胁迫或诱惑，否则成为牺牲品几乎是注定的。因为顾客将拿你的底价再去压其他经销商给出更低的价格，或下次再来的时候在本次的基础上再压低价格。

2) 可告知公开的"促销活动"内容。

3) 如果顾客还没有最终确定车型，让顾客考虑成熟了再过来订车。

"我这两天再提供一些信息和资料给您参考，您比较一下，定下来买我们这款车后，您过来订车，我保证给您最优惠的价格"。

如果顾客已经确定了车型，但要比较几个经销商的价格，就给顾客一个"优惠价格承诺"："保证您满意我们的价格"，"除了价格让您满意之外，我们还有这么好的售后服务"……

【案例二】

"我比较过其他地方，你的价格比人家的要贵几百块钱，如果你的价格上还有优惠，我考虑在你这儿订车！"

分析：

主要是在价格上，不难看出顾客购车的诚意还是有的，只要我们把握住顾客心理，有理有据耐心说服。

话术应对：

"其他地方报的价格这么低，可是在他的展厅里是实现不了的，一定还包含了其他的附加条件。"

"您在其他经销商了解的价格能拿到现车吗？现在我们不谈价格。他给您优惠的原因可能是库存车或者是试乘试驾车。假如您在这方面不要求的话。我们可能会有更优惠的车给您。到时候我一定通知您。"

"他们承诺您能拿到现车吗？可能您要等待很久的时间。我有个客户原先就是在那里订车的，都已经好几个月了，都没有拿到车。而在我这里订车没多久就上牌了。这通常是某些经销商的一种策略，让您无限期等下去吧。"

"我相信您到外面看过这个车，也知道这个价格。我也相信您说的话。但是X先生，有一点要提醒您的是，买一台车，您付出的价钱不仅仅是车价，还有很多其他的组成部分。就

拿我们的优惠来讲，可能我的车价比人家贵几百块，几百块钱对你来说就是少吃一顿饭的钱。但是您别忘了，我们有送给您价值5000元的服务金卡，而这些个性化的服务是其他商家没有办法比的。我们提供的上海地区免费的救援车服务，您如果遇到要拖车，打个电话给我们，我们的服务人员就会免费给您提供这项服务，一次就可以给您省下300~500元，这样您的钱不是又回来了吗？对不对，您不过外面少吃一顿饭，但这个钱却养活了一帮服务人员在给您解决后顾之忧，您认为不值得吗？"

【案例三】

客户来展厅看车谈价，对汽车销售人员的报价犹豫不决想要砍价。

分析：

战术：先发制人。

话术应对：

"关于车子的价格方面不是问题，我们是×××品牌的上海地区一级总代理，也就是说我们的车子是直接从厂里进来的，所以只要你选好适合你的车型，我保证给你一个满意的价格。"

"我可以很自信地告诉你，在同质量的情况下，我们的价格是最低的；在同价格的情况下，我们的产品品质是最好的。"

"现在汽车的价格竞争已经非常市场化和透明化了，所以你自然不用担心这里面有暴利的可能。"

"我们是专业的4S店，在价格上是非常市场化、公开和透明的，否则也不会有那么多的客户来买我们的车，买了车以后接下来你得到的是非常省心、放心的售后服务。同时包括了保险和索赔。"

作业

1. 刘先生原来有一辆使用了8年的富康，前段时间他打算换辆新车过年，于是就踏上看车之旅。刘先生希望买一辆价格在15万左右、外观大方的家庭用车，经过一番考察，他选定了卡罗拉以及轩逸。但在实际砍价过程中，他发现年底轩逸2.0升自动豪华版的让利比10月份缩水了3千元，而销售员怎么样都不肯再降价。于是他决定放弃轩逸，专心去谈卡罗拉的优惠。试分析面对此类顾客我们该如何应对？

2. 莫先生在一家发展前景不错的国企工作，很早就想买车了，他的性格比较洒脱，跟很多车友买车之前货比多家、从多方面了解车辆的性能以及优惠幅度，他比较讲究"合眼缘"，对于车辆的外观、性能甚至价格均没有特别要求。于是他先后到车行对卡罗拉、思域、悦动进行挑选，结果这三款车的外观均不太符合他的要求，无意之中他跟骐达对上眼了，认为这款车除了外观时尚外，后排座位可以4/6折叠，能够放置大件行李。但是车价跟预算的有些出入，希望在价格上有所让步。试分析销售员该怎样和顾客进行谈价？

项目九 汽车保险

学习目标

- 了解汽车保险的意义
- 掌握汽车保险的险种
- 掌握汽车保险的险种组合
- 掌握汽车保险的保费计算

技能要求

- 能解释各险种作用
- 能进行汽车保险的推销工作
- 能为客户不同的车型、需要进行险种推荐
- 能为客户所购买的险种进行保费计算

任务1 汽车保险的意义

一、任务分析

在学习汽车保险之前,同学们一定要了解购买汽车保险的意义、汽车保险的作用以及汽车保险标的特殊性,这样才能更好地给客户做好解释。

二、任务学习

1. 汽车保险含义

汽车保险是以汽车本身及其相关利益为保险标的的一种不定值财产保险。这里的汽车是指汽车、电车、电动车、摩托车、拖拉机、各种专用机械车、特种车。

汽车保险既属于财产保险范畴又属于责任保险范畴，也称为机动车辆保险，是以汽车（机动车辆）本身及其第三者责任为保险标的的一种运输工具保险。

汽车保险一般包括基本险和附加险两部分。其中附加险不能独立保险。必须在基本险的基础上进行投保。基本险（又称主险）分为车辆损失险和第三者责任险；附加险包括全车盗抢险、车上责任险、无过失责任险、车载货物掉落责任险、玻璃单独破碎险、车辆停驶损失险、自燃险、新增设备损失险、不计免赔特约险等。

未投保基本险的，原则上不得投保相应的附加险。基本险保险责任终止时，相应附加险保险责任同时终止；附加险条款解释如有与基本险条款解释相抵触的地方，以附加险条款解释为准。

2. 汽车保险的职能和作用

（1）汽车保险的职能　保险基本职能就是组织经济补偿和实现保险金的给付，同样也是机动车辆保险的基本职能。

生产力水平的提高、科学技术的发展使人类社会走向文明，汽车文明在给人类生活带来交通便利的同时，也给人类带来了因汽车运输中的碰撞、倾覆等意外事故造成的财产损失和人身伤亡。不仅如此，随着生产力水平的提高和科学技术的进步，风险事故所造成的损失也越来越大，对人类社会的危害也越来越严重。机动车辆在使用过程中遭受自然灾害风险和发生意外事故的概率较大，特别是在发生第三者责任的事故中，其损失赔偿是难以通过自我补偿的。

机动车辆使用过程中的各种风险及风险损失是难以通过对风险的避免、预防、分散、抑制以及风险自留就能解决的，最好通过保险转嫁方式将其中的风险及风险损失在全社会范围内分散和转移，以最大限度地抵御风险。汽车用户以缴纳保险费为条件，将自己可能遭受的风险成本全部或部分转嫁给保险人。机动车辆保险是一种重要的风险转嫁方式，在大量的风险单位集合的基础上，将少数被保险人可能遭受的损失后果转嫁到全体被保险人身上，而保险人作为被保险人之间的中介对其实行经济补偿。通过机动车辆保险，将拥有机动车辆的企业、家庭和个人所面临的种种风险及其损失后果得以在全社会范围内分散与转嫁。

机动车辆保险是现代社会处理风险的一种非常重要的手段，是风险转嫁中一种最重要、最有效的技术，是不可缺少的经济补偿制度。

（2）汽车保险的作用　我国自1980年国内保险业务恢复以来，汽车保险业务取得了长足的进步，尤其是伴随着汽车进入百姓的日常生活，汽车保险正逐步成为与人们生活密切相关的经济活动，其重要性和社会性也正逐步突现，作用越加明显，主要表现为：

1）扩大了对汽车的需求。汽车保险业务自身的发展对于汽车工业的发展起到了有力的推动作用，汽车保险的出现，解除了企业与个人对使用汽车过程中可能出现的风险的担心，人们可以把用车风险一定程度上转嫁给保险公司，消费者提高了购买汽车的欲望，扩大了对汽车的需求。

2）稳定了社会公共秩序。汽车作为一种保险标的，虽然单位保险金不是很高，但数量多而且分散，车辆所有者既有党政部门，也有工商企业和个人。车辆所有者为了转嫁使用汽车带来的风险，愿意支付一定的保险费投保。在汽车出险后，从保险公司获得经济补偿。由此可以看出，开展汽车保险既有利于社会稳定，又有利于保障保险合同当事人的合法权益。

3）促进了汽车安全性能的提高。在汽车保险业务中，经营管理与汽车维修行业及其价

格水平密切相关。原因是在汽车保险的经营成本中，事故车辆的维修费用是其中重要的组成部分，同时车辆的维修质量在一定程度上体现了汽车保险产品的质量。保险公司出于有效控制经营成本和风险的需要，除了加强自身的经营业务管理外，必然会加大事故车辆修复工作的管理，一定程度上提高了汽车维修质量管理的水平。同时，汽车保险的保险人从自身和社会效益的角度出发，联合汽车生产厂家、汽车维修企业开展汽车事故原因的统计分析，研究汽车安全设计新技术，并为此投入大量的人力和财力，从而促进了汽车安全性能方面的提高。

3. 汽车保险的特点

（1）保险标的的流动性　汽车保险标的——机动车，它是通过移动来完成其工作的，流动性是标的作为动产和运输工具的显著特点。保险标的的流动性直接影响到其面临的风险和风险的种类，就对汽车保险的市场营销、核保、出单、查勘、理算等各个环节提出了更高的要求。

保险标的的流动性，加大了"验标承保"的难度。保险车辆的流动性，使得保险人对于某些承保的车辆不能亲自查勘，只能依靠投保人的诚信。所以，保险人更应注意道德风险的防范和监控机制的完善。

保险标的的流动性，增加了查勘、理赔的难度。保险标的的流动性为保险责任事故发生时的查勘和理赔工作带来了难度。为此，保险人在研究保险条款和费率的同时，还应注意研究核保和理赔技术及风险的防范。保险人应建立和完善保险事故查勘检验的实务流程，还应建立健全查勘的内外代理网络。

（2）对象具有广泛性和差异性的特点

1）被保险人方面。机动车保有量迅速的增长，机动车成为人们生活中必不可少的交通工具，企业和个人也更广泛的拥有汽车，使得汽车与每个人的生活息息相关。正是因为机动车辆拥有者的广泛性，必然存在差异性，不同类型的企业，不同类型的家庭，不同的个人爱好，不同性别、年龄、职业、学历，不同的风险倾向都会导致主体之间较大的风险差异。

2）保险标的方面。随着人们对汽车的需求日益增大，汽车厂商也"顺应民意"，新车型层出不穷，同类车辆的车型品种繁多，性能各异。保险标的的差异性主要体现在：厂牌车型、车辆种类、排量、车辆使用年龄、行驶区域、使用性质和车辆的价格等。

（3）保险标的具有出险频率高的特点　汽车是陆地的主要交通工具。由于其经常处于运动状态，总是载着人或货物不断地从一个地方开往另一个地方，很容易发生碰撞及其他意外事故，造成人身伤亡或财产损失。由于车辆数量的迅速增加，一些国家交通设施及管理水平跟不上车辆的发展速度，再加上驾驶人的疏忽、过失等人为原因，交通事故频繁发生，汽车出险率较高。

【案例一】

客户经常会问为什么还要买汽车保险，岂不是多花钱？

分析：

"天有不测风云，人有旦夕祸福"，近几年，我国交通事故的年死亡人数超过10万人，平均每日死亡300多人，每4.8分钟就有一人死于车祸。意外的发生，从来就不是我们能预

测到的,不论是天灾还是人祸,不幸发生时,谁来替我们延续那一份对妻儿、父母的责任?保险的功能便在于此,用少部分的钱,在意外发生时,换得庞大的赔偿金。

购买汽车保险的目的是为了保障事故发生时,自己有充足的资金来支付可能的赔偿损失,同时也保障了家庭的资金稳定,不至于造成家庭财务的负担,影响家庭的幸福生活。

【案例二】

客户:"我不必投保全险,我开车已经有十年了,而且我还有车库。"

分析:

销售人员:"是的,我相信您的经验和技术都是一流的,但是在路上开车的人不见得都有您那么好的技术,万一对方撞上您的爱车或是停在路边被人刮伤或撞到,不是白白损失吗?"

【案例三】

客户:"为什么要买全险?"

分析:

"依目前的社会状况而言,车子外出停靠路边容易擦撞而损伤车体,甚至有一些人很喜欢刮别人的新车。最严重的问题是:城市里的小偷很多,新车被偷是时常发生的事,因此建议您还是投保全险比较好。"

任务2 汽车保险的险种

一、任务分析

作为一个汽车销售人员一定要熟知汽车保险的险种,以及购买各个险种的作用,发生意外的时候责任范围。

二、任务学习

汽车保险的主要险种介绍

主险险种	责任范围	注意事项
交强险	保险公司对被保险机动车发生道路交通事故造成受害人的人身伤亡、财产损失,在责任限额内予以赔偿的强制性责任保险 赔偿限额: (有责):死亡伤残5万元、医疗8千元、财产损失2千元 (无责):死亡伤残1万元、医疗1千6百元、财产4百元	必须投保:不得拒保或退保 受害人不包括被保险人和本车人员

项目九 汽车保险

（续）

主险险种	责任范围	注意事项
车损险（家用车）	碰撞、倾覆、坠落；火灾、爆炸；外界物体坠落、倒塌；暴风、龙卷风；雷击、雹灾、暴雨、洪水、海啸；地陷、冰陷、崖崩、泥石流、滑坡等原因造成的车辆损失；为减少被保险车辆损失所支付的必要的合理的施救费	自然磨损、锈蚀、故障、轮胎单独损坏、地震、自燃；驾驶人饮酒、吸毒、被麻醉或无证驾驶为免责
第三者责任险	被保险人或其允许的合法驾驶人在使用车辆过程中发生意外事故，致使第三者遭受人身伤亡或财产直接毁损，依法应当由被保险人承担经济赔偿责任，对于超过机动车交通事故责任强制保险各分项赔偿限额以上的部分负责赔偿。	驾驶人员、家庭成员以及车身人员的人身伤亡、所有或代管的财产损失；对第三者造成的间接损失；驾驶人员饮酒、吸毒、被麻醉期间使用车辆出现事故；被保险人故意行为等

主要附加险险种	责任范围	注意事项
全车盗抢险	保险车辆被盗窃经出险当地县级以上公安刑侦部门立案证明，满60天未查明下落的全车损失；保险车辆全车被盗窃、抢劫、抢夺后，受到损坏或车上零部件、附属设备丢失需要修复的合理费用；保险车辆在被抢劫、抢夺过程中，受到损坏需要修复的合理费用	非全车遭盗窃仅车上零部件或附属设备被盗窃或损坏、被诈骗、罚没等造成的损失；因民事、经济纠纷造成的车辆被抢劫、抢夺等免责
车上人员责任险	发生意外事故，造成保险车辆上人员的人身伤亡，依法应由被保险人承担的经济赔偿责任，保险公司负责赔偿	违章搭乘人员的人身伤亡；车身人员因疾病、分娩、自残、斗殴、自杀、犯罪等行为或在车下时造成的伤亡属免责
玻璃单独破碎险	保险车辆风窗玻璃或车窗玻璃的单独破碎	安装、维修过程中造成的玻璃单独破碎属免责
车身划痕险	无明显碰撞痕迹的车身划痕损失	被保险人及其家庭成员、驾驶人及其家庭人员的故意行为造成的损失属免责
不计免赔特约险	经特别约定，保险事故发生后，按对应的投保险种，应由被保险人自行承担的免赔金额，由保险公司赔偿	车损险中应有第三方负责而确实无法找到第三方的，同一保险年度内多次出险，每次增加的；非约定驾驶人出险；附加险种约定的内容等
新增设备险	车上新增设备的直接毁损	保险金额根据新增加设备的实际价值确定
自燃损失险	因保险车辆电器、线路、供油系统、供气系统发生故障或所载货物自身原因期货燃烧造成本车的损失；为防止或减少损失所支付的必要的合理的施救费用	自燃仅造成电器、线路、供油系统、供气系统或所载货物自身的损失
倒车镜或车灯单独损坏险	倒车镜、车灯单独损坏	安装、维修、保养车辆过程中损坏、在被查封、扣押、扣留、没收、征用、征收期间发生的损坏属免责

【案例】

客户经常抱怨汽车保险条例太专业了,我听不懂,能不能通俗的解释一下呢?

分析:

车辆损失险:就是指自己开车碰到意外事故,修车的费用由保险公司承担。

第三者责任险:就是指自己开车碰了撞了别人,赔给别人的钱保险公司承担。

车上人员责任险:就是指自己开车遭遇意外,车上坐的人受伤,治疗需要花费的钱由保险公司承担。如果车主自己有保险,经常驾车带家里人出去玩,建议买。

车上货物责任险:就是指自己开车遭遇意外,车上运载的货物出现损失,由保险公司承担。

盗抢险:若出现被撬、偷、抢、破坏造成损失,由保险公司承担。

玻璃单独破碎险:就是指没发生碰撞,也没有人搞破坏,玻璃自己破碎了,由保险公司承担。

停驶损失险:就是指长时间不开车,车放着被破坏。或者车辆自己出现故障,由保险公司承担。

自燃损失险:就是车自己无缘无故地烧坏,由保险公司承担。

车身划痕损失险:这属于新险种,150~200元最多保5000元,就是指不小心车辆弄出小划痕,其修理费由保险公司承担。

无过失责任险:也就是别人骑车或走路与车辆碰撞,结果别人受了伤,非让你承担。要是自己不小心,有第三者险,所以不一定需要购买。

不计免赔特约:为了防止车主购买了保险就乱驾驶,因此,出台这种免赔额规定,不管出什么事,车主得承担20%,保险公司最多承担80%。要想都让保险公司出,那就再花点钱,购买附加险,这样无论发生什么事,保险公司都可以100%承担。

车主可以根据自己的实际情况,在不同的车险投保方案中,选择到适合自己的一种。

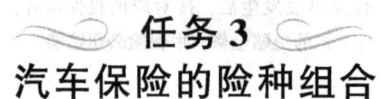

任务 3
汽车保险的险种组合

一、任务分析

各个车主的车型不一样,行驶条件不一样,驾驶习惯也有所区别,要学会根据客户各种情况选择适合他的保险组合。

二、任务学习

1. 车险选择的基本原则

汽车保险险种的搭配可谓是"五花八门",多种多样的形式没有标准答案,关键应了解自身的风险特征,并结合自身的风险承受能力及经济承受能力来选择一些险种,只有适合自己需求的险种组合才是最好的。无论怎样搭配险种，都应遵守一些基本原则：

（1）交强险必须投保　未参加投保的车辆，将无法在车管所登记，也无法通过车辆年检；违规上路的，公安机关交通管理部门将扣留车辆，并通知机动车所有人或管理人按规定投保，还要处以应缴纳保费的2倍罚款。

（2）千万不能重复投保　有些车主认为多投几份保险，就可以使被保险车辆多几份赔款。《保险法》第四十一条第二款规定："重复保险的保险金额总和超过保险价值的，各保险人的赔偿金额总和不得超过保险价值。除合同另有约定之外，各保险人按照其保险金额与保险金额总和的比例承担赔偿责任。"

因此，即使投保人重复投保也不会得到超额赔偿，无论是交强险还是商业险，该原则都是适用的。

（3）车损险不要超额投保　有些车主，明明新车购置价是20万元却偏要投保25万元的保险，他认为多花钱就可以获得多赔付。《保险法》第三十九条规定："保险金额不得超过保险价值，超过保险价值的，超过的部分无效。"

（4）主险最好能保全　车损险和商业第三者责任险一定要保，因为这两个险种是车辆出险后，人和车的损失能够得到赔偿的基本保证。至于其他的一些附加险，要看车主是否有这些方面的风险，当然有经济承受能力的最好也投保。

2. 常见的险种组合方案

（1）最低保障方案

方案一：

险种组合：机动车交通事故责任强制保险。

保障范围：只能在交强险的责任范围内对第三者的人伤和物损负赔偿责任。

优点：只有最低保障，费用低，因为只有交强险属于强制保险，而且交强险和车辆的车价没有关系，仅与座位数相关。普通轿车一年只要950元，可以用来应付上牌照和车检手续。

缺点：保障额度不高，一旦撞车或撞人，对方的损失能得到保险公司的部分赔偿，且自己车辆的损失只有自己负担；

推荐适用车主：适用于那些怀有侥幸心理认为上保险没有什么用的人，车价低，驾龄长；急于上牌照或通过年检的人。

方案二：

险种组合：交强险+第三者责任险（5万元）。

保障范围：基本能够满足一般事故对第三者的损失负赔偿责任。

优点：可以用来应付上牌照或验车，第三者的保障基本能满足。

缺点：一旦撞车或撞人，对方的损失能得到保险公司的少量赔偿，且赔偿限额只能说"基本宽余"，另外自己爱车的损失只有自己负担。

推荐适用车主：保险意识不是很强，但又担心自己不小心对他人造成损失的。

（2）基本保障方案

险种组合：交强险+车辆损失险+第三者责任险（10~20万）。

保障范围：只投保基本险，不含任何附加险。

优点：费用适度，能够提供基本的保障。

缺点：不是最佳组合，最好加上不计免赔特约险。

推荐适用车主：经济实力不太强或短期资金不宽余，有一定经济压力的车主。这部分车主一般认识到事故后修车费用较高，愿意为自己的车和第三者责任寻求基本保障，但又不愿意多花钱寻求更全面的保障。

（3）经济保险方案

险种组合：交强险＋车辆损失险＋第三者责任险（20万元）＋不计免赔特约险＋全车盗抢险。

保障范围：基本保障方案上增加盗抢险和不计免赔特约条款。

优点：投保最有价值的险种，保险性价比最高，人们最关心的丢失和100％赔付等大风险都有保障，保费不高但包含了比较实用的不计免赔特约险。

缺点：部分附加险种还未投保，保障还不够完善，主险中还存在较多的免赔情况。

推荐适用车主：适用于车辆使用三、四年，有一定驾龄的最佳选择。

（4）最佳保障方案

险种组合：交强险＋车辆损失险＋第三者责任险（30万元）＋车上责任险＋风挡玻璃险＋不计免赔特约险＋全车盗抢险。

保障范围：在经济投保方案的基础上，加入了车上人员责任险和玻璃险，使乘客及车辆易损部分得到安全保障。

优点：投保价值大的险种，不花冤枉钱，物有所值。

适用对象：经济较宽余、保障需要比较全面、而乘客不固定的私家车主或一般单位用车。

（5）完全保障方案

险种组合：交强险＋车辆损失险＋第三者责任险＋车上责任险＋风挡玻璃险＋不免赔特约险＋新增加设备损失险＋自燃损失险＋全车盗抢险。

保障范围：保全险，居安思危才有备无患。能保的险种全部投保，从容上路，不必担心交通所带来的种种风险。

优点：几乎与汽车有关的全部事故损失都能得到赔偿。投保的人不必为少保某一个险种而得不到赔偿，也不必承担投保决策失误的损失。

缺点：保全险保费高，某些险种出险的几率非常小。

推荐适用车主：经济宽裕的车主、价格偏高的车辆和企事业单位用车。

【案例一】

45岁的张先生在2004年购买了一辆2002年生产的桑塔纳2000型二手车。张先生是个老驾驶员，有15年驾龄，主要用于上下班。

推荐方案：最低保障型险种，方案一。

方案分析：

张先生的车辆是二手车价格较便宜，车辆已经使用较长年限，而且桑塔纳的车辆维修工时费和配件都较便宜。张先生是个驾驶经验丰富的驾驶人，再加上张先生日常开车的范围只介于家和单位之间，道路较熟悉，另外45岁的中年人安全意识较强。所以说买这个最低保障型险种较合适。

【案例二】

黄先生有着9年的驾龄，他在2003年买了一辆雪佛兰赛欧。黄先生每次对4S店催缴续保费非常的反感，认为自己驾驶技术好，安全意识较强就行了，自己驾车以来，从来没有过磕磕碰碰的事故。又到了买保险的时候了，你帮黄先生做个选择吧！

推荐方案：

最低保障型险种，方案二。

方案分析：

9年的驾龄使黄先生具有娴熟的驾驶技术，同时由于车辆已经使用了7年，黄先生对车辆本身的保障需求并不强烈，况且私家车买人身意外伤害险比车上人员责任险更划算，他主要需要保险公司对事故发生后对第三者造成的损害赔偿责任提供保障。他的保费支出预算较少，可采用此方案。

【案例三】

小王最近刚还完了婚房的贷款，看到同事们都有车了，心动了，毅然贷款10万元购买了一辆18万元的大众速腾轿车，请你为小王选择一款经济实用型险种。

推荐方案：

基本保障型险种。

方案分析：

小王是贷款买的车，经济上有一定的还款压力，购买的车辆属于中档车，发生事故后的维修成本也较高，建议购买基本保障型险种。

【案例四】

潘先生于2010年购买了一辆福特福克斯轿车，实际驾龄达到了5年，但是潘先生住的是老小区，没有固定的车位，经济条件中等，平时较为节约，请为他选择险种组合。

推荐方案：

经济保障型：交强险＋车辆损失险＋第三者责任险（20万元）＋不计免赔特约险＋全车盗抢险。

方案分析：

潘先生具有一定的驾驶经验，车龄只有5年，加上住的地方是老小区，停车没有安全保障，小偷容易光顾，因此应在减少保费支出的情况下尽量获取较多保障，但由于是私家车，可用人身意外伤害险代替车上人员责任险。

【案例五】

刘小姐刚学了驾照,2010年7月购买了一辆别克新君威,平时喜欢和朋友一起外出自驾游,如何给她上保险呢?

推荐方案:

建议上最佳保障型险种。

方案分析:

刘小姐属于新车新手,她对车十分爱惜,希望有全面的保险保障,而且喜欢和朋友一起自驾游,车上乘员及车辆被盗及玻璃的风险应该考虑,况且经济状况较宽裕,对于这种情况,建议上最佳保障的车险。

【案例六】

顾先生是位企业家,上个月他为自己购置了一辆宝马760LI,价格在180万元,请为他选择保险险种。

推荐方案:

建议上最佳保障型险种。

方案分析:

顾先生是一个经济条件较好的车主,他所购买的车辆宝马760LI价格很昂贵,是德国进口车,维修配件的费用非常高,而且有公用的用途,要保障车上人员的安全,所以建议投保全面保障型保险。

任务4 汽车保险保费的计算

一、任务分析

汽车保险的保费计算是非常重要的内容,正确迅速的计算保费有时候可直接影响到成交率,所以一定要好好掌握。

二、任务学习

交强险的保费查费率表。
车辆损失险保费 = 基本保险费 + 本险种保险金额 × 费率
第三者责任险保费 = 固定档次赔偿限额对应的固定保险费
全车盗抢险保费 = 车辆实际价值 × 费率

项目九 汽车保险

新增加设备损失险保费＝本险种保险金额×费率
玻璃单独破碎险保费＝新车购置价×费率
自燃损失险保费＝本险种保险金额×费率
车上责任险保费＝本险种赔偿限额×费率
车载货物掉落责任险保费＝本险种赔偿限额×费率
不计免赔特约险保费＝（车辆损失险保险费＋第三者责任险保险费）×费率

【案例一】

王晓在2010年7月刚购买一辆5座家庭自用汽车，车价为10万元，她为自己的车辆投保了"基本保障型"险种组合，其中第三者责任险的保额为20万元，请你为王晓计算一下今年大概需交的保费是多少？

方案分析：

王晓所投保的"基本保障型"险种组合分别为

$$交强险＋第三者责任险＋车辆损失险$$

交强险：查交强险基本费率表保费为1050元。

第三者责任险：查机动车商业保险行业基本费率表20万元保额所对应的保费为1182元。

车辆损失险：基本保险费＋本险种保险金额×费率

查机动车商业保险行业基本费率表

车辆损失险保费＝593元＋100000元×1.41％＝2003元

王晓总计保费＝1050元＋1182元＋2003元＝4235元

【案例二】

戴先生在2010年7月刚购买一辆5座家庭自用汽车，车价为30万，他为自己的车辆投保了"最佳保障型"险种组合，其中第三者责任险的保额为30万，车上的驾驶人和乘员都投保了车上责任险，限额均为30万，风窗玻璃为进口玻璃，请你为戴先生计算一下今年大概需交的保费是多少？

方案分析：

戴先生所投保的"最佳保障型"险种组合有：

交强险＋车辆损失险＋第三者责任险（30万元）＋车上责任险＋风挡玻璃险＋不计免赔特约险＋全车盗抢险

交强险：查交强险基本费率表保费为1050元。

车辆损失险：基本保险费＋本险种保险金额×费率

查机动车商业保险行业基本费率表

车辆损失险保费＝593元＋300000元×1.41％＝12893元

车上责任险保费：驾驶人＝300000元×0.40％＝1200元

乘客＝4×300000元×0.26％＝3120元

玻璃单独破碎险 = 300000 元 × 0.31% = 930 元

全车盗抢险 = 120 元 + 300000 元 × 0.42% = 1380 元

不计免赔率 = 所有险种标准保费之和 × 15%

= (1050 元 + 12893 元 + 1200 元 + 3120 元 + 930 元 + 1380 元) × 15% = 3085.95 元

所以戴先生总计要交保费

= 1050 元 + 12893 元 + 1200 元 + 3120 元 + 930 元 + 1380 元 + 3085.95 元 = 23658.95 元

【模拟对话】

销售："非常感谢王小姐购买我公司车辆，感谢您对我们公司品牌以及对我服务的信任。相信王小姐肯定知道现在的车辆必须要购买保险才能上路吧！这是国家法律规定的，也是为了更好地保护您和您家人的安全，做到未雨绸缪嘛！"

王："这个我知道的，我有朋友做保险的，就在我朋友那买吧，说不定可以便宜点的。"

销售："您不妨听听我们公司的保险代理的好处，再做决定好不好？"

"我们公司遍布全国的服务站拥有一流修车设备及技术人员，在那里您可以享受到最高品质、最亲切的出险理赔服务，理赔换用正厂零件及配件（其他修车厂可能使用副厂零件，更有人用伪劣品替代），一些零配件和服务工时费还执行特价，免除您被不规范的服务站暗中动手脚，伪报损坏情况，免除被其他修理厂以旧零件偷换正厂零件，免除和保险公司理赔人员的艰难交涉，免除亲自到保险公司报案的麻烦，免除使用不良零件而影响车辆性能及安全。"

王："这倒也是啊！"

销售："您的朋友给的价格真的最低吗？如果不是，您好意思讨价还价吗？如果是最低价，您又忍心让朋友一分钱不赚白干活吗？理赔时，他靠得住吗？保险公司的理赔政策和人员调配时他说了算吗？深更半夜出车险，他能像 4S 店一样及时赶到现场处理吗？能保证每次出险都能回我们 4S 店维修并给足定损价格吗？"

王："嗯……"

销售："我们公司有一站式的定损、维修和专人索赔（店内定损可以避免定损价格不足等问题），您在行车的过程中，出现任何问题，只需第一时间拨打我们公司的 24 小时热线电话，剩下的报案、查勘、定损、维修、索赔等工作我们公司会全权负责到底，不用你操心。"

王："那我需要买些什么险呢，帮我推荐一下。"

销售："王小姐，您购买的是 10 万元的家庭型用车，平时就上下班用，而且您的驾龄较长，驾驶经验也很丰富了，家里又有单独的车位，不用担心车辆被盗的问题，站在您的角度上，我觉得您只要购买主险就可以了。这个'基本保障型'险种比较适合您，有交强险 + 第三者责任险 + 车辆损失险。当然这是我的建议，如果您觉得有必要还买些其他的附加险的话，也可以添加。"

王："那可以帮我计算一下我一年需要交的保费吗？"

销售："当然可以了，请您稍等一下。"

交强险 + 第三者责任险 + 车辆损失险

交强险：查交强险基本费率表保费为 1050 元

第三者责任险：查机动车商业保险行业基本费率表20万元保额所对应的保费为1182元

车辆损失险：基本保险费＋本险种保险金额×费率

查机动车商业保险行业基本费率表

车辆损失险保费＝593元＋100000元×1.41%＝2003元

您总计保费＝1050元＋1182元＋2003元＝4235元"。

王："好，就这个吧。"

销售："谢谢您对我的信任。"

情境实训

应用M-AI车险业务综合实训系统开展情境综合实训（具体展开形式参见汽车营销一体化情境实训指导手册）。

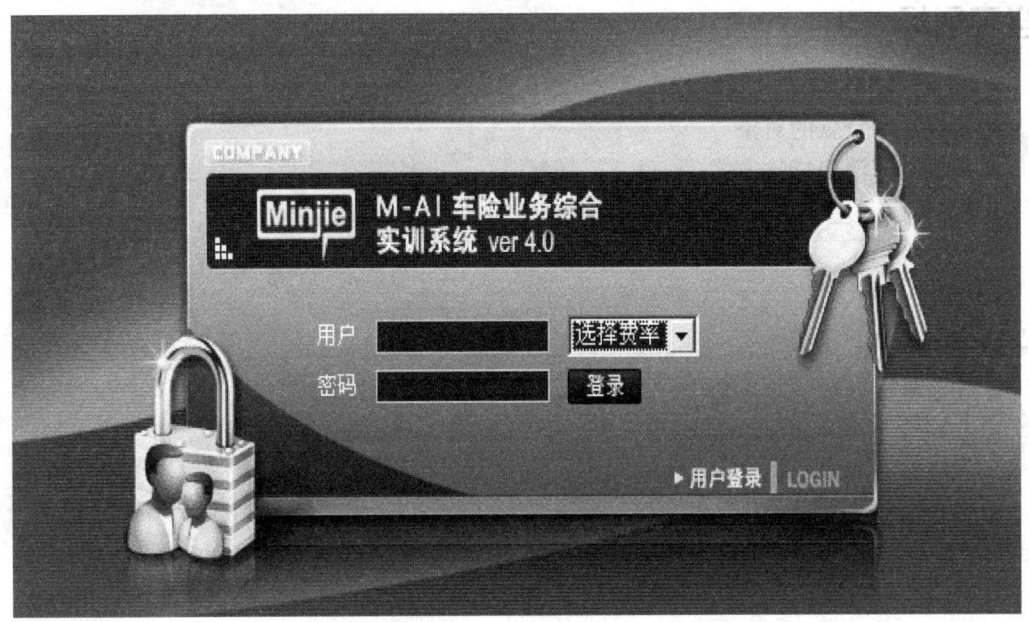

作业

1. 根据今天所学内容分角色演示投保过程。

2. 演示5类客户投保情况，并进行分析解释，会计算保费（有关费率请查阅汽车保险费率表）。

3. 案例思考：早晨，刘先生像平时一样下楼准备开车上班，谁知刚到楼下就傻眼了，怎么自己的爱车被几块砖头高高垫起，四只车轮全没了。火气上升的刘先生马上拨打了110报警。警察及时出警，勘查现场并作了笔录，事后警察为其出具了证明。刘先生投保了全车盗抢险，能否赔付呢？

4. 写汽车保险实习报告。

项目十 汽车贷款

学习目标

- 了解信贷消费
- 掌握汽车贷款的对象
- 掌握汽车消费贷款方式
- 掌握汽车贷款的工作流程

技能要求

- 知道汽车贷款的相关规定
- 熟知汽车贷款的工作流程
- 会汽车贷款的利率计算方法
- 会根据客户的经济情况制定合理的贷款方案

任务1 汽车信贷的知识

一、任务分析

对汽车贷款要有一定的认识。如今的消费者，崇尚提前消费，越来越热衷于汽车贷款，对客户这样的一种消费方式我们一定要予以理解并认同。

二、任务学习

1. 对信贷消费的认识

所谓信贷消费，简单地说就是鼓励消费者，从银行先借钱消费，然后再分期偿还，即"花明天的钱，圆今天的梦"。消费信贷在发达国家较普遍，美国70%、日本50%、德国

60%的汽车消费都是通过分期付款信贷进行的。在我国，目前消费信贷占贷款总规模的比例只在1%左右。

2. 我国汽车消费信贷

所谓汽车消费信贷，就是金融机构对消费者个人发放的，用于购买汽车的贷款。换句话说，就是银行向与该行签订了《汽车消费贷款合作协议书》的特约经销商处购买汽车的借款人发放的用于购车的贷款。它是银行为解决购车者一次性支付车款困难而推出的一项业务。

不过需要注意的是，并不是在所有的汽车经销商处购车都可以获得汽车消费贷款，只有在特约经销商处购车才可以申请汽车消费贷款。特约经销商是指在汽车生产厂推荐的基础上，由银行各级分行根据经销商的资金实力、市场占有率和信誉进行初选，然后报到总行，经总行确认的，与各分行签订《汽车消费贷款合作协议书》的汽车经销商。

任务 2 汽车贷款流程及计算

一、任务分析

作为一个汽车销售人员一定要熟知汽车贷款的流程，帮助客户解决贷款中遇到的一系列的问题，会根据客户的贷款额度和期限计算每月的还款额和利息，这些知识是必备的。

二、任务学习

目前国内购车已经开始普及提供汽车贷款（按揭）业务，提供贷款业务的单位除经中国人民银行批准的各商业银行外，现在还有由大的汽车企业以及其他的企业财团申办的汽车金融机构。

1. 汽车贷款流程

申请—调查—审批—抵押—保险—放贷—还贷—清户。

2. 汽车消费贷款

汽车消费贷款指向个人或企事业法人发放的用于购买国产汽车的人民币消费贷款。

提供汽车消费贷款服务的，是经中国人民银行批准的国内各大银行。同时，也将允许其他资本经向中国人民银行申报、审批，而获得汽车金融机构资格的组织开办汽车消费贷款业务。

下面就以中国银行为例（中国银行开办汽车消费贷款，是经中国人民银行批准推出的一项全新业务）进行介绍。贷款业务流程如图所示。

3. 贷款对象

凡贷款人在当地有固定住所、具有完全民事行为能力的自然人和经工商行政管理机关核准登记的企、事业法人都可以进行汽车消费贷款。

（1）个人 具备完全民事行为能力；具有稳定的职业和偿还贷款本息的能力，信用良好；能提供有效抵押物或质押物，或有足够代偿能力的个人或单位作保证人；能支付购车首期款项。

（2）单位 具备法人资格有偿还贷款能力的单位，在指定的银行存有不低于规定数额

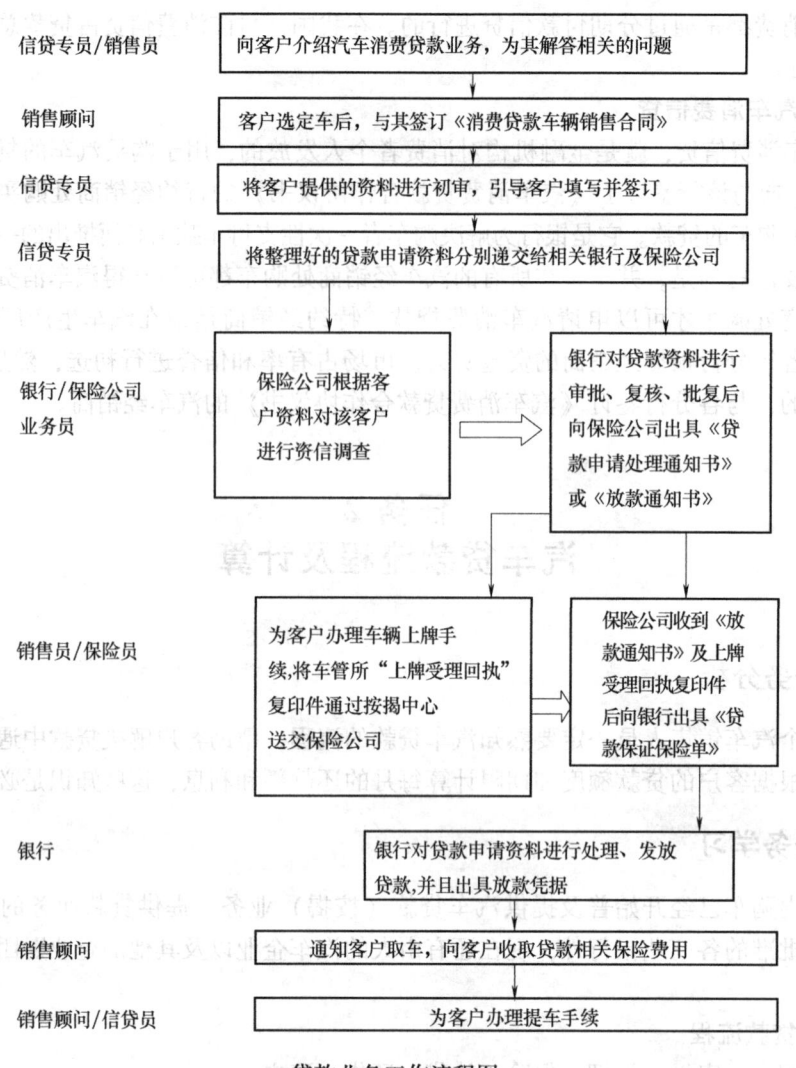

贷款业务工作流程图

的首期车款,有贷款人认可的担保等。

4. 贷款期限

贷款期限一般为1~3年（含3年），最长不超过5年（含5年），如采用贷款到期一次性还本付息的，贷款期限控制在1年（含1年）之内。

5. 贷款币种

目前仅限于人民币。

6. 贷款的方式

1）车辆抵押：是以借款人所购车辆作抵押的，应以其价值全额作抵押。

2）质押：其他抵押质押以贷款人认可的其他抵押物作担保的，其价值必须大于贷款金额的150%；以无争议、未做挂失，且能为贷款人依法实施有效支付的权利作质押者，其价值必须大于贷款金额的110%。

3）第三方保证。

7. 贷款金额

以质押方式或由银行、保险公司提供连带保证的，首期付款不少于车款的20%，贷款金额最高不得超过车款的80%。

以所购车或不动产抵押申请贷款的，首期付款不少于30%，贷款金额最高不超过车款的70%。

以第三方保证方式的，首付款不得少于车款的40%，贷款额度最高为购车款的60%。

8. 贷款利率

根据贷款期限长短按中国人民银行公布相应档次贷款利率执行。

9. 贷款申请

办理贷款须提供的资料：

（1）个人　贷款申请书；有效身份证件；职业和收入证明及家庭情况；与指定经销商签订的购车合同或协议；担保所需的证明文件。

（2）企事业法人　贷款申请书，法人执照，法人代码证，法定代表人证明文件；上年财务报告，上月资产负债表，损益表和现金流量表；与指定经销商签订的购车合同或协议；抵押物、质押物清单和有处分权人同意抵押、质押的证明。

10. 贷款偿还

按月偿还等额本金或等额本息。借款人应于贷款合同规定的每月还款日前，主动在其存款账户上存足每月应还的贷款本息，由银行直接扣收每月还贷本息。经贷款人同意允许借款人部分或全部提前还款。

11. 其他相关规定：

1）以所购轿车作为抵押的，购车人首期付款不得少于购车款的30%，贷款额不得超过购车款的70%。

2）贷款期限分3个档次：1年以内（含1年），1～3年（含3年），3～5年（含5年）。

3）贷款本息偿还方式

①款期1年（含1年）以下的，实际一次还本付息，利随本清。

②款期1年（不含1年）以上的，借款人提款后的第二个月相应日开始还款。

③借款人要求提前还本息的，应提前一个月书面通知贷款银行。

④轿车消费贷款不能延期。累计3个月拖欠贷款本息的，贷款银行有权处置抵押物或向贷款人行使追索权。

计算举例见下表。

贷款利率与万元月供款参考表

（从2002年2月21日起正式实施）

年限/年	贷款期数/月	年利率（%）	月利率（‰）	万元月供款/元	万元总利息/元
1	12	5.31	4.425	857.50	290.00
2	24	5.49	4.575	440.91	581.84
3	36	5.49	4.575	301.91	868.76
4	48	5.58	4.650	232.93	1180.64
5	60	5.58	4.650	191.38	1482.80

公式：月供款 = 贷款额（万元）× 万元月供款
　　　贷款总利息 = 贷款额（万元）× 万元总利息

贷款保证保险费率参考表

（从 2002 年 3 月 1 日起实行）

年限/年	贷款期数/月	费率（%）	万元保险费/元
1	12	0.7	72.24
2	24	1.0	106.3
3	36	1.2	131.3
4	48	1.4	157.9
5	60	1.7	197.3

公式：贷款保证保险费 =（贷款额 + 总利息）× 费率
或　　贷款保证保险费 = 月供款 × 贷款期数 × 费率

【案例一】

王小姐购得一辆轿车，手头并不宽裕，打算办汽车贷款，车辆包牌价为 30 万元，首期交两成，贷款八成，供 5 年，请计算她每月还款多少？总利息为多少？

分析：

首期款：300000 元 × 20% = 60000 元

贷款额：300000 元 − 60000 元 = 240000 元

每月供款额：240000 元 × 191.38（万元月供款）÷ 10000 = 4593.12 元

5 年总利息为

240000 元 × 1482.8（万元总利息）÷ 10000 = 35587.2 元

或　　4593.12 元 × 60 − 240000 元 = 35587.2 元

【案例二】

李先生购买了一辆别克君越，该车辆包牌价为 30 万元，李先生想通过银行贷款，首期交两成，贷款为 24 万元共 5 年。计算他的贷款保证保险费。

分析：

贷款保证保险：

240000 元 × 1482.8（万元总利息）÷ 10000 = 35587.2 元

(240000 + 35587.2) 元 × 1.7% = 4684.9824 元

【案例三】

张先生想购买一辆公司用丰田皇冠车，包牌价在 450000 元。张先生现开一个软件公司，年收入在 20 万元，目前手上现金有 30 万元，等年底的时候能结到大约 25 万元的欠款，张先生想以车辆作为抵押物，通过银行贷款，请问张先生贷款多少？贷款多长期限比较合理呢？

项目十 汽车贷款

分析：

以所购轿车作为抵押的，购车人首期付款不得少于购车款的30%，贷款额不得超过购车款的70%。

我们先算算：贷款30%需要首付款为45万元×30%=13.5万元

贷款额度为45万元-13.5万元=31.5万元

或者 贷款60%需要首付款为45万元×70%=31.5万元

贷款额度为45万元-31.5万元=13.5万元

我们可以看出无论张先生选择首付30%或60%都是不合理的，30%的话银行贷款的额度太大加上利息的话每月还款数较多，60%的话张先生手头上没有那么多的现金，再说张先生的钱不能都放在首付上，还需留一部分钱用于生活和公司资金周转，所以说，我认为张先生的首付款在20万元，首付45%左右，分3年期共36个月还款较合理，那么来算算张先生如果选择这样的贷款方式，每月需还的本金和利息是多少吧（以中国银行利率为例）。

首付款为45万元×45%=20.25万元

银行贷款本金为45万元-20.25万元=24.75万元

36个月银行总利息为24.75×868.76元=21501.81元

本金+利息（共计还款额）24.75万元+2.15万元=26.9万元

每月还款额为269000元÷36=7472.2元

我想每月还款7472.2元对张先生来说还是较合理的。

作业

1. 朱小姐是个单身白领，几乎是个月光族，每月收入在8000元左右。为了上下班方便，朱小姐看中一款尼桑骐达车，价位在12万元，她的妈妈给了她6万元现金用于购车，请你为朱小姐设计一个贷款计划，要考虑到每月在车辆上的花费。

2. 小胡想购买一辆别克君越，包牌价是25万元，首付4成，供5年，请你帮他计算一下月供款、贷款利息以及贷款保证保险。

3. 写一份实习报告。

# 项目十一　汽车上牌

学习目标

- 明确汽车上牌的对象
- 了解进口车上牌的流程
- 掌握国产车上牌的流程
- 掌握上牌的手续和所需的资料

技能要求

- 熟知汽车上牌的流程
- 熟知汽车上牌客户所需提供的资料
- 熟知汽车上牌的手续
- 了解异地上牌的知识

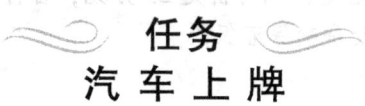

任务　汽车上牌

一、任务分析

作为汽车4S店，汽车上牌的流程是一条龙服务，不需要客户亲自去操作，客户自己只要选号就可以了，作为服务人员要清楚上牌的流程，最重要的是所需客户的哪些资料。

项目十一 汽车上牌

二、任务学习

1. 进口汽车落户上牌流程

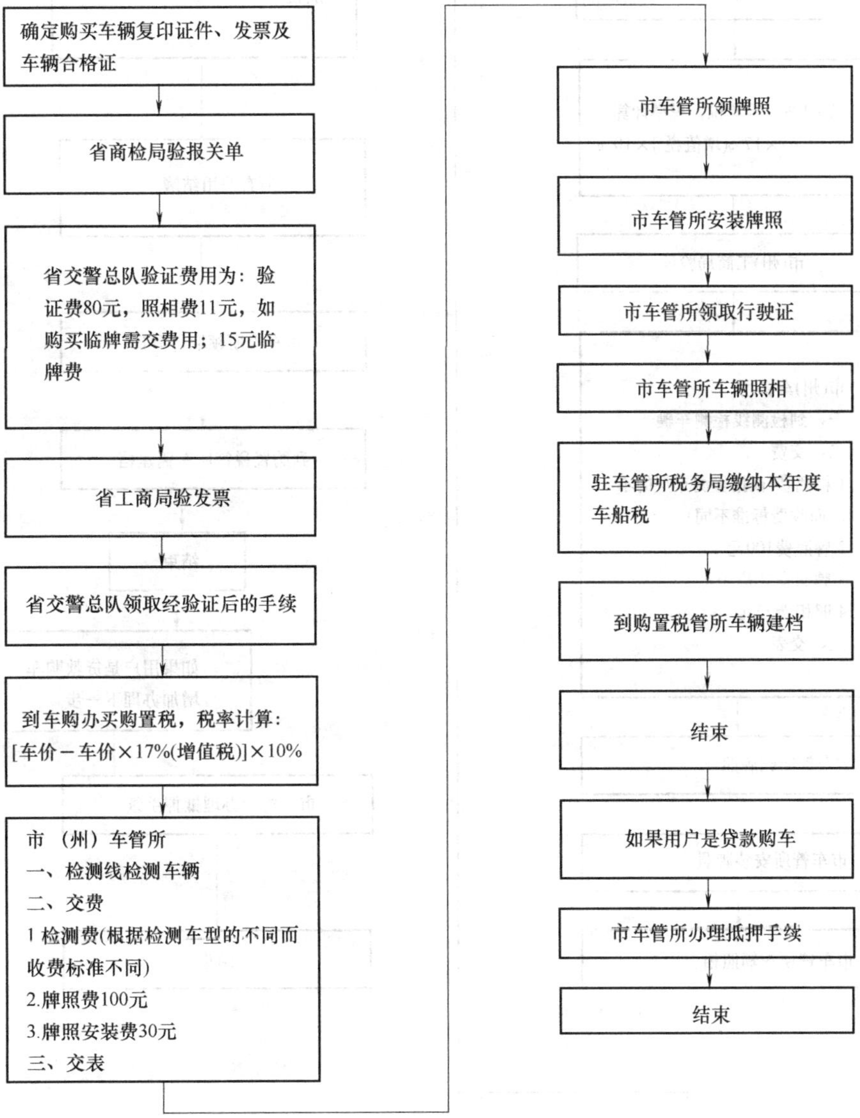

```
确定购买车辆复印证件、发票及车辆合格证
          ↓
   省商检局验报关单
          ↓
省交警总队验证费用为：验证费80元，照相费11元，如购买临牌需交费用；15元临牌费
          ↓
     省工商局验发票
          ↓
省交警总队领取经验证后的手续
          ↓
到车购办买购置税，税率计算：
[车价－车价×17%(增值税)]×10%
          ↓
市（州）车管所
一、检测线检测车辆
二、交费
1 检测费（根据检测车型的不同而收费标准不同）
2.牌照费100元
3.牌照安装费30元
三、交表
          ↓
   市车管所领牌照
          ↓
   市车管所安装牌照
          ↓
   市车管所领取行驶证
          ↓
   市车管所车辆照相
          ↓
驻车管所税务局缴纳本年度车船税
          ↓
   到购置税管所车辆建档
          ↓
        结束
          ↓
   如果用户是贷款购车
          ↓
   市车管所办理抵押手续
          ↓
        结束
```

105

2. 国产车上牌流程

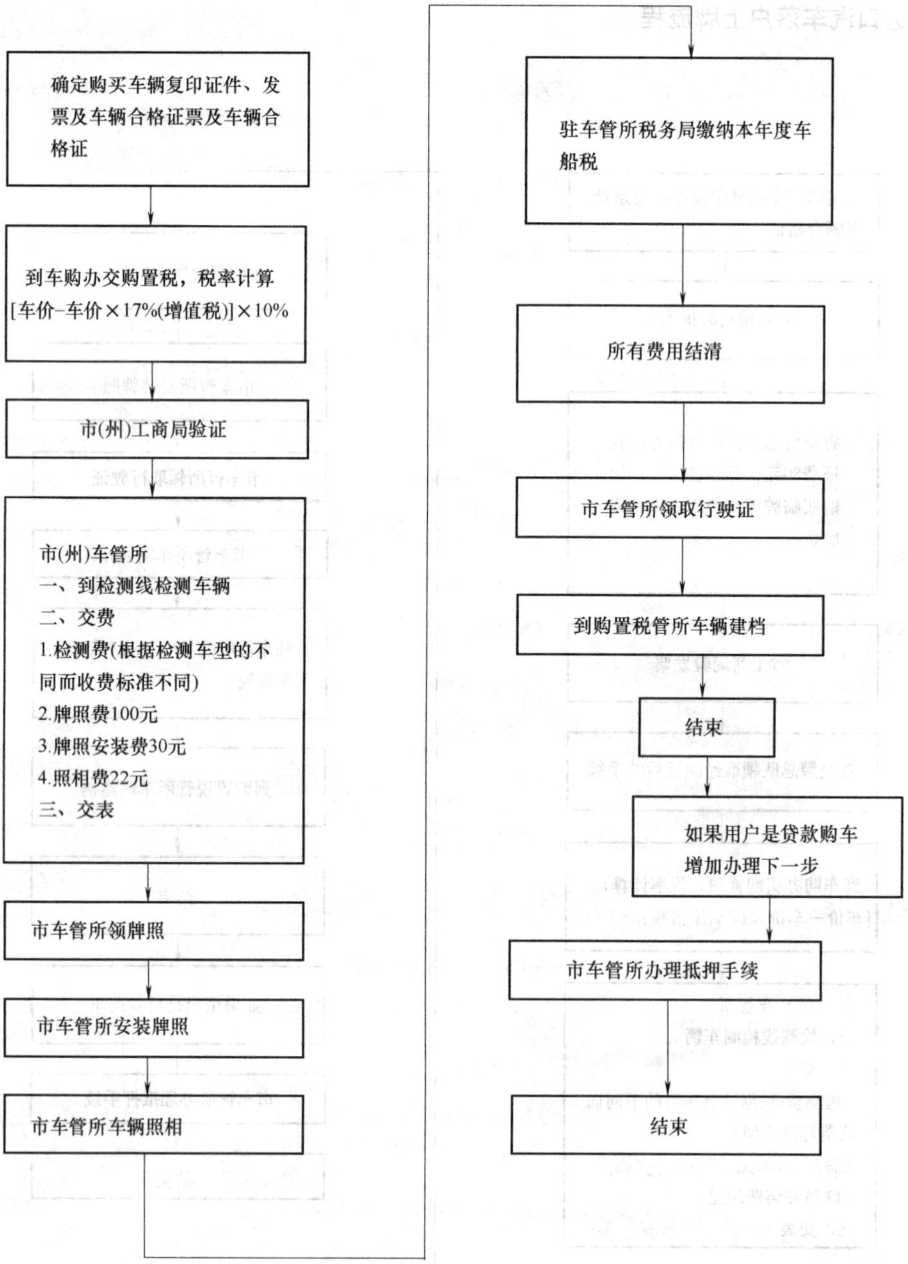

```
确定购车辆复印证件、发票及车辆合格证票及车辆合格证
            ↓
到车购办交购置税，税率计算
[车价-车价×17%(增值税)]×10%
            ↓
    市(州)工商局验证
            ↓
市(州)车管所
一、到检测线检测车辆
二、交费
1.检测费（根据检测车型的不同而收费标准不同）
2.牌照费100元
3.牌照安装费30元
4.照相费22元
三、交表
            ↓
    市车管所领牌照
            ↓
    市车管所安装牌照
            ↓
    市车管所车辆照相
            ↓
驻车管所税务局缴纳本年度车船税
            ↓
       所有费用结清
            ↓
      市车管所领取行驶证
            ↓
     到购置税管所车辆建档
            ↓
         结束
            ↓
  如果用户是贷款购车增加办理下一步
            ↓
     市车管所办理抵押手续
            ↓
         结束
```

3. 手续材料准备

如果要办理一部汽车的车牌手续，基本上要按照以下步骤进行：

办证手续—上牌资料—上牌手续—上牌流程。

（1）办证手续

项目十一 汽车上牌

三资企业	港、澳、台及外籍人员（首席代表）	中资企业	私人企业	私人
公司营业执照正本 企业代码 书面申请报告 公章 介绍信 经办人身份证	首席代表（营业执照上有名字的） 有效护照 居住证（六个月有效期以上） 备注：港、澳、台上Z牌照，外籍人员上黑牌	新增控办单 介绍信 经办人身份证 企业代码	企业代码 营业执照	身份证 户口簿

（2）上牌资料

① 领料单

属控购：四联单、身份证、介绍信，到车管所领取。

三资企业：营业执照复印件、介绍信、身份证。

自备车：个人身份证、私章和户口簿。

② 企业代码。

③ 介绍信。

④ 保险单。

⑤ 合格证（复印件）。

⑥ 发票（工商验证单）。

⑦ 购置费（支票和介绍信）。

⑧ 机动车登记表（须盖该单位公章）。

⑨ 控购单。

（3）上牌手续

企业用车	私人用车
企业代码（正本）	身份证
领照牌（控办单）	户口簿
公章	保险单
保险单	合格证（车辆）
合格证（车辆）	购置费款
购置费款	购车发票
购车发票	

（4）上牌流程

上牌顾客需要准备		销售公司需要准备	车辆本身
公司：	私人：		
1. 领照单 2. 企业代码 3. 公章	1. 领发票 2. 身份证 3. 户口簿	1. 销售发票 2. 保险单 3. 支票	1. 车辆拍照（到车管所拍照） 2. 合格证 3. 拓印的钢号

【案例】

王小帅为公司（中资企业）购买了一辆GL8，现在要办行驶证和企业牌照，需要哪些资料？

分析：

中资企业办证的资料为：新增控办单、介绍信、经办人身份证、企业代码。

上牌资料有：领料单、营业执照复印件、介绍信、身份证、企业代码、保险单、合格证（复印件）、发票（工商验证单）、购置费（支票和介绍信）、机动车登记表（须盖该单位公章）、控购单。

作业

1. 王小姐购买了一辆家用车，现在你的4S店将为她的车辆上牌，你需要准备王小姐的哪些材料？

2. 李先生为自己公司购买了一辆进口的宝马760，你应该怎样为李先生上牌，李先生需要准备什么材料？

3. 杨先生是常州人，他听说上海的轿车价格较便宜，想在上海买辆车，到常州来上牌，请问应该如何操作。

4. 写一份实习报告。

项目十二　交车服务

学习目标

- 了解交车的重要性
- 掌握交车的流程
- 掌握交车各步骤的要点

技能要求

- 能熟知交车的目的
- 能做好交车前的各项工作准备
- 能演示整个交车服务流程

任务1　交车服务的准备

一、任务分析

交车是我们销售流程的最后一个步骤，也是最关键的一步。交车步骤是客户最兴奋的时刻，若客户有了愉快的交车体验，就为今后的长期合作关系奠定了积极的基础。这将会提高客户满意度并强化他对4S店的信任感。

二、任务学习

汽车销售不像其他产品的销售，除了汽车产品本身是一个技术比较复杂、价格昂贵的商品外，汽车销售过程中又存在着许多变数。在这一步骤中，按约定的日期和时间交付给客户所预订的洁净、无缺陷的车是我们的宗旨和目标。交车的服务就是与客户建立亲密的朋友关系，准备进入到新一轮客户开发的过程。销售人员树立这个观念非常重要。

109

1. 热情交车的目的

1）在顾客最兴奋的时刻通过交车激发其热情，开始建立并保持与4S店的长期关系。

2）加强顾客满意度（CS），建立长期联系，并以此为契机发掘更多商机。

3）让顾客充分了解车辆的操作与使用，尤其在安全方面，体现"顾客第一"的理念。

4）说明售后服务的作用以及保养维修的好处，建立顾客与售后服务部门的联系。

2. 交车前的准备

1）由服务部完成新车PDI整备（含选装件安装），销售人员再次确认并于《PDI检查单》上签名确认。

2）确认并检查车牌、登记文件和《保修手册》，以及其他文件和发票等。

3）再次确认顾客的付款条件和付款情况。

4）电话联系顾客，确认交车时间、参与人员，并对交车流程和所需时间再作一简要介绍，征得顾客认可。

5）准备好相机、鞭炮、气球、花带等。

6）交车区设在来店顾客可明显看见的区域（如入口处旁），设置标示牌及标准作业流程看板和告示牌。交车区有明显标志，场地打扫干净。

7）清洗车辆，保证车辆内外美观整洁，车内地板铺上保护纸垫。

任务 2
交车服务的流程

一、任务分析

主要学习交车的流程以及注意事项，牢牢掌握交车的要点。

二、任务学习

1. 交车流程图（见下页）

2. 顾客到达时

1）销售人员到门口迎接，态度热情、面带微笑。

2）恭喜顾客，并立刻为顾客戴上《交车顾客识别证》。

3）每位员工见到戴有《交车顾客识别证》的顾客，立刻道喜祝贺，赞许顾客的有智决定，展现车辆带来的客户利益。

3. 接待桌前的说明

1）各项费用的清算（超过、不足金额）。

2）依照《安全注意事项》，进行安全乘坐的说明。

3）移交有关物品：《用户手册》、《保修手册》、保险手续、行驶证、车辆钥匙等。

项目十二 交车服务

交车流程图

```
交车前的准备
    ↓
交车是否延迟 ——是——→ 预先通知，表示歉意，并说明原因
    ↓否
新车整备及资料核对 ←—— 重新安排交车时间
    ↓
顾客按时来到展厅
    ↓
证件清点交接
    ↓
验收与确认车辆
    ↓
解释汽车性能和使用方法与顾客一起试车 ←——┐
    ↓                                    │
顾客是否完全了解车辆使用方法 ——否————————┘
    ↓是
向顾客说明保养与维修内容
    ↓
请顾客在交车确认单上签名
    ↓
介绍销售经理、服务经理
    ↓
举行交车仪式
    ↓
确认C卡中顾客信息
    ↓
确保顾客对后续跟踪服务方面的选择 ——→ 送顾客出门并感谢其购买产品
                                        ↓
                                    将顾客信息发送到公司
                                        ↓
                                    售后跟踪服务程序
```

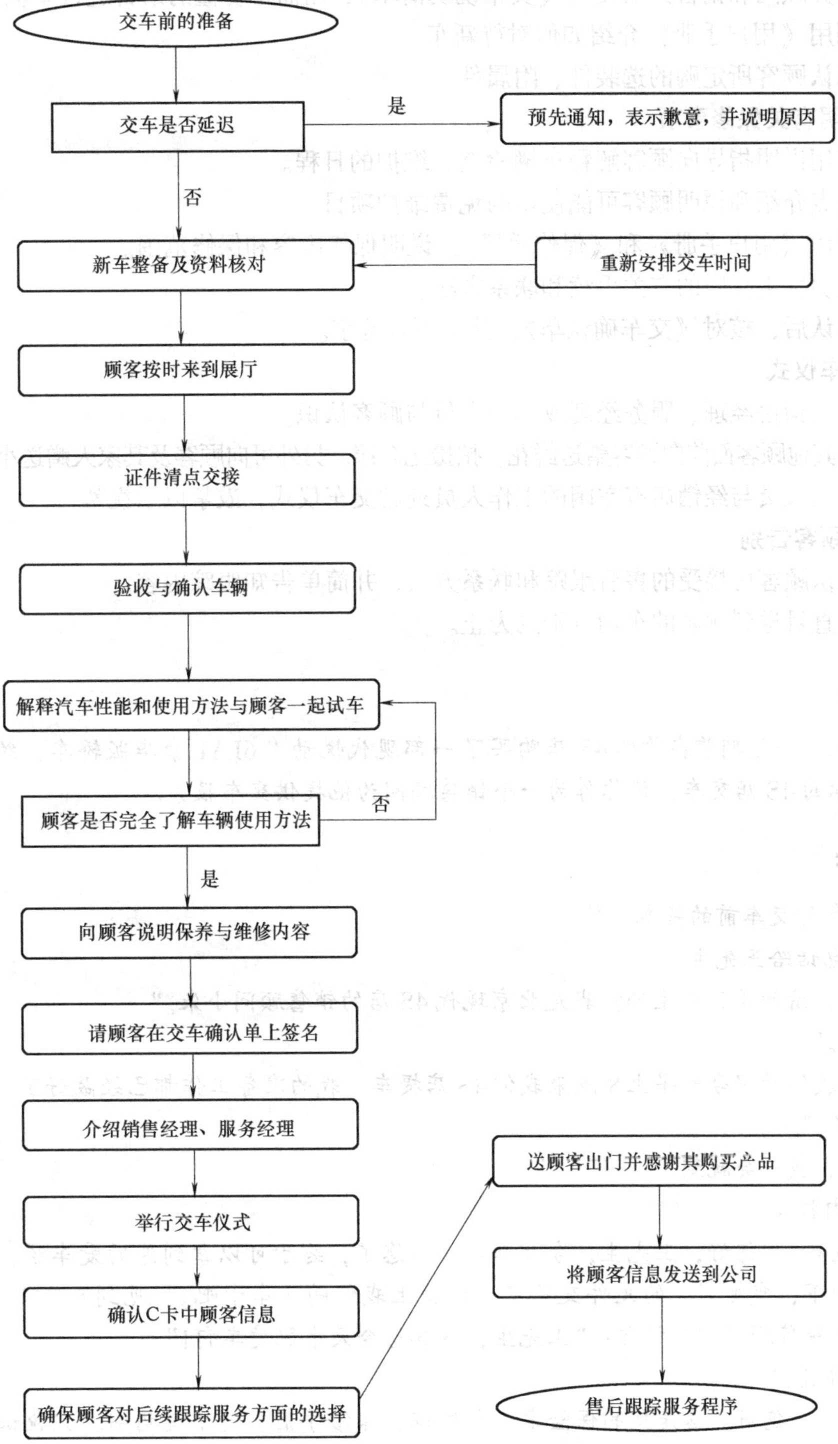

4. 实车说明

1）邀请服务顾问出席，并向顾客介绍服务部的营业时间、预约流程和 ABC 集团的服务网络。

111

2）服务顾问和销售人员使用《实车说明清单》，用简单易懂的语言进行车辆说明。

3）利用《用户手册》介绍如何对待新车。

4）确认顾客所定购的选装件、附属件。

5. 说明有关保修事项

1）使用说明指导向顾客解释车辆检查、维护的日程。

2）重点介绍和说明顾客可能使用的免费维护项目。

3）利用《用户手册》和《保修手册》，说明保修内容和保修范围。

4）说明发生故障的有关手续和联系方法。

5）确认后，核对《交车确认单》，并请顾客签字。

6. 交车仪式

1）介绍销售经理、服务经理或其他人员与顾客认识。

2）在其他顾客面前向顾客赠送鲜花，拍摄纪念照。另外可向顾客及其家人赠送小礼物。

3）上列人员与经销店有空闲的工作人员列席交车仪式，鼓掌以示祝贺。

7. 与顾客告别

1）确认顾客可接受的售后跟踪和联系方式，并简单告知跟踪内容。

2）一直目送到顾客的车辆看不见为止。

【案例】

王先生一个星期前在你的4S店购买了一部现代悦动1.6LAT豪华版轿车，约好今天早上8点来你的4S店交车，请你作为一个销售顾问为他提供交车服务。

分析：

1. 准备好交车前的基本工作

2. 打电话给王先生

"您好，请问是王先生吗？我是北京现代4S店的销售顾问小朱。"

"是的。"

"上次我们约好今天早上8点来我们4S店提车，我的准备工作都已经做好了。就等您的大驾光临了。"

"好的，我一会就到。"

3. 店内接待

门口迎接："您好，王先生，今天真是恭喜您了，终于可以拿到您的爱车了，请到我们展厅休息一下，我把有关的文件交给您。请戴上我们的交车卡吧。"见到有交车卡的客户，所有看见的销售顾问都应祝贺："王先生，恭喜您今天来取爱车啊！"

4. 文件交接

"王先生，您好，这是您的保险卡、合格证、保修手册、使用说明书、完税证明、车价发票、还有其他一些费用的发票（保险单据、上牌费、车船使用税、车辆购置税）请您妥善保管，以后在车辆的使用过程中，这些证件非常重要。还请王先生核对一下，没有什么问题的话请在交接单上签字，好吗？如果对这些费用有什么疑问的话，随时可以问我。"各项费用要向客户详细解释说明，且要和商谈前符合，如果有不符合的地方，要向顾客说明原因并出示交车确认表，依各项目点请客户逐项打勾。"

"好的，没什么问题的话，我们去看看您的爱车吧！"

5. 车辆操作

"王先生，我给您演示一下车辆各项功能的操作吧。如果您在今后使用的过程中不会操作的话，可以打电话给我，也可以查看我们随车的操作手册。"

主要内容包括：

座椅、方向盘调整（含方向盘锁住时，如何转动钥匙，起动发动机等）；

后视镜调整、电动窗操作；

儿童安全锁；

空调及除雾；

音响（含设定频道，要参看使用说明书，操作给客户看）；

灯光、仪表、电子钟；

特有配备的机能及 E 配备介绍；

其他任何客户可能不熟悉的事项；

指出其他服务，诸如加满油箱等（如可行的话）。

6. 车辆检验/认可

"王先生，我们一起来检验一下车况吧！"

主要内容包括：

车内部分：座椅、地毯等整洁。

车辆外部：灯、保险杠、门把等整洁，有没有损坏漆面等。

附件齐全：配备（标准、专营店答应赠送的）、千斤顶、工具包、故障警示架、备胎及胎压、点烟器等。

"王先生，您觉得怎么样，还满意吗？如果没有什么问题的话我们一起签署交车确认表吧！然后给您介绍一下我们的售后服务，您买车之后，售后维修是非常重要的。"

7. 售后服务

"您的爱车在今后的使用过程中，有任何问题可拨打我们的 800 免费服务电话或 24 小时求助电话。您可以查看使用说明书及保修手册。"

交车时给客户提供全国服务网点一览表并对"五个安心"服务承诺进行说明。

要详细口头说明下列事项：

首保之前，车辆磨合期使用注意事项；

1000、5000 公里免费保养内容说明；

保修时间、保修里程数（两者其中之一，不管何者出现，都表示保修期已到）；

保修项目、非保修项目（如易磨损部件和维护材料等）；

确定首保的日期并记入《保有客户管理卡》；

详细介绍服务站及维修人员，以增加客户入厂可能性；

营业时间、地点说明；

服务进厂、作业流程说明。

"这是我们的服务经理刘经理和服务顾问李小姐，这是他们的名片，您以后有车辆维修方面的问题可直接与他们联系。"

8. 送别客户

"王先生，我们公司对您会提供后续跟踪服务以便及时了解您的车况，一周后向您发首保通知，请问我们什么时候和您联系比较方便呢？"

"节假日的时候都可以吧。"

"衷心感谢您的惠顾，我们与您的爱车拍个照留念吧，我们4S店还特意为您准备了鲜花与鞭炮，预祝您行车愉快，祝您一切顺利！"

陪送客户直至路口，并进行合适的交通指导。

业务代表将客户对后续跟踪服务的选择及其他信息记入《保有客户管理卡》，将该客户档案转交服务部。

情境实训

应用M-SM汽车营销实训系统开展情境综合实训（具体展开形式参见汽车营销一体化情境实训指导手册）。

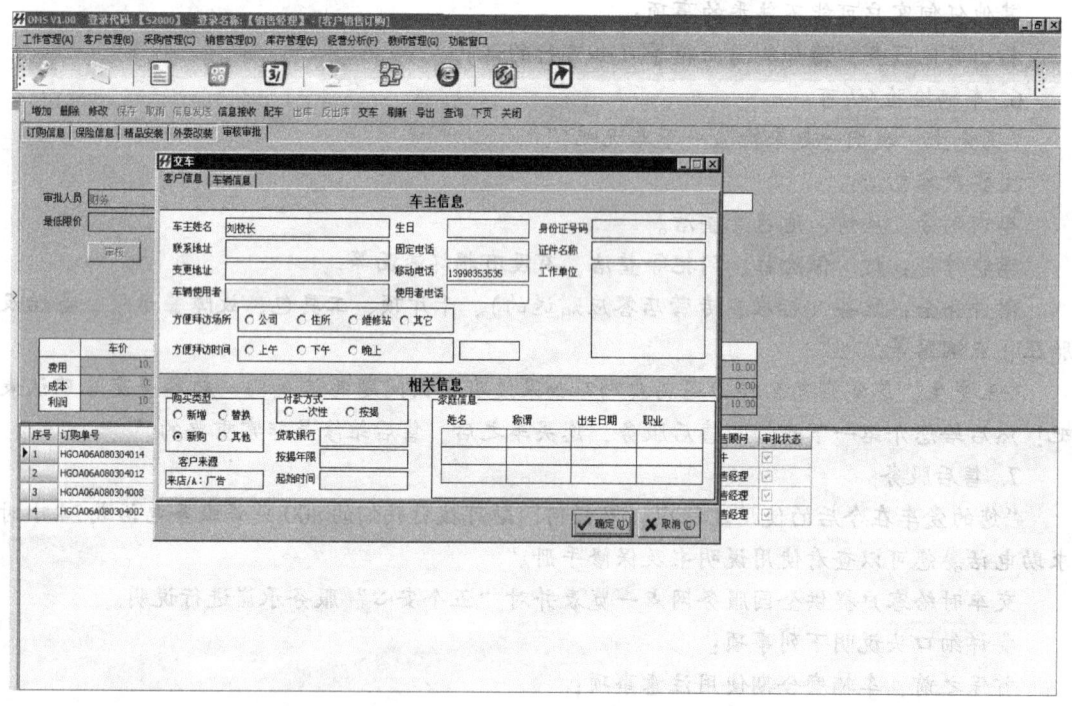

作业

1. 交车准备有哪些？
2. 李先生在星期天早上8点来交车，请模拟演示交车过程。
3. 交车提及的售后服务，应和客户交代哪些内容？
4. 写一份实习报告。

项目十三　售后跟踪服务

学习目标

- 了解售后服务的意义
- 掌握售后服务的内容
- 掌握售后跟踪服务的步骤及注意事项
- 掌握投诉处理的流程

技能要求

- 能进行交车后电话回访
- 能进行售后维修回访
- 能进行客户的投诉处理流程
- 能根据客户投诉内容进行灵活处理

任务1　售后服务的内容

一、任务分析

了解售后服务的意义以及售后服务的内容，才能更好地维系自己的客户，创造更多的客户价值。

二、任务学习

汽车产品售后服务工作始于交车后，贯穿于客户用车、养车、修车、处理旧车的全过程。在汽车销售流程中占有相当重要的地位。如果不能提供或忽视售后服务，就无法使客户满意，更无法培养忠诚客户。销售人员可通过售后服务体现对客户的关怀，解决客户所面临的问题，化解客户抱怨，从而与客户建立互信的合作关系，为寻找新的潜在客户，培养忠诚客户奠定良好的基础。

1. 售后服务意义

对于一位购买了新车的客户来说，第一次维修服务是这位客户亲身体验4S店"服务流程"的一次亲密接触机会。销售流程的后续跟踪步骤的要点是在客户购买新车之后与"首次保养"之间如何继续促进和发展双方的关系，以保证客户会返回4S店进行"首保"。并通过定期跟踪，巩固与客户之间良好的关系，再通过这种关系的延长，不断地获得新的潜在意向客户。

一个满意的客户往往会带来更多的新客户，在国内的汽车销售行业中，有一项非常重要的指标，那就是客户的回头率。最近的一项调查表明：绝大多数客户最担心的是他们在购买了车辆之后就没人管了，就不再重视他们了。所以，作为汽车销售人员，要十分重视客户满意度，只有客户满意了，他才能信任你，才是你的销售职业长久发展的基础。销售顾问经历了客户的开发、接待、咨询、介绍、试车、签约、交车等诸多环节之后，如何持续保持客户的满意呢？售后跟踪服务是维持客户满意度的最好途径。

2. 售后服务工作的内容

（1）整理客户资料、建立客户档案　客户购买车辆之后，销售顾问应于2日内将客户有关情况整理制表并建立档案，装入档案袋。客户有关情况包括：客户名称、地址、电话、来访日期、车辆的车型、车号、车种、首次维修保养日期、保养周期、客户希望得到的服务、客户的特殊需求等。

（2）根据客户档案资料，研究客户的需求　销售人员根据客户档案资料，研究客户对汽车维修保养及其相关方面的服务的需求，找出"下一次"服务的内容，如通知客户按期保养、通知客户参与本公司联谊活动、告之本公司优惠活动、通知客户按时进厂维修或免费检测等。

（3）与客户进行电话、信函联系，开展跟踪服务

① 询问客户用车情况和对本公司服务有何意见。

② 询问客户近期有无新的服务需求需我公司效劳。

③ 告之相关的汽车运用知识和注意事项。

④ 介绍本公司近期为客户提供的各种服务，特别是新的服务内容。

⑤ 介绍本公司近期为客户安排的各类优惠联谊活动，如免费检测周，优惠服务月，汽车运用新知识晚会等，内容、日期、地址要告之清楚。

⑥ 咨询服务。

3. 售后跟踪服务步骤

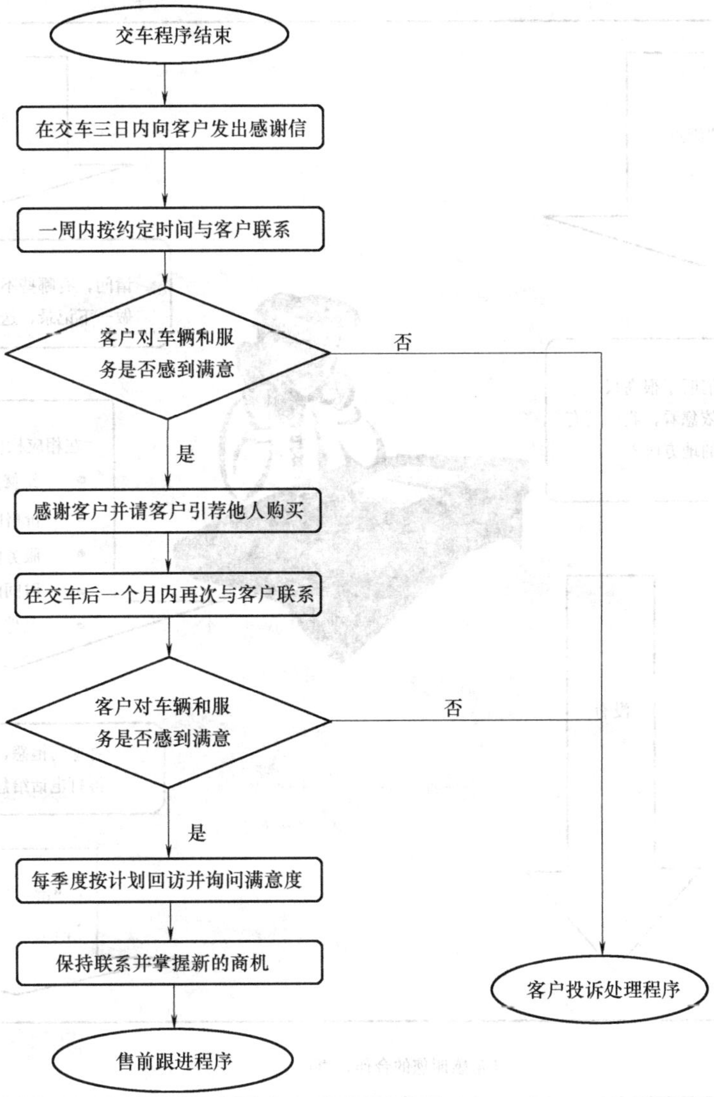

```
交车程序结束
   ↓
在交车三日内向客户发出感谢信
   ↓
一周内按约定时间与客户联系
   ↓
客户对车辆和服务是否感到满意 ──否──→
   │是
感谢客户并请客户引荐他人购买
   ↓
在交车后一个月内再次与客户联系
   ↓
客户对车辆和服务是否感到满意 ──否──→ 客户投诉处理程序
   │是
每季度按计划回访并询问满意度
   ↓
保持联系并掌握新的商机
   ↓
售前跟进程序
```

实训练习：电话回访

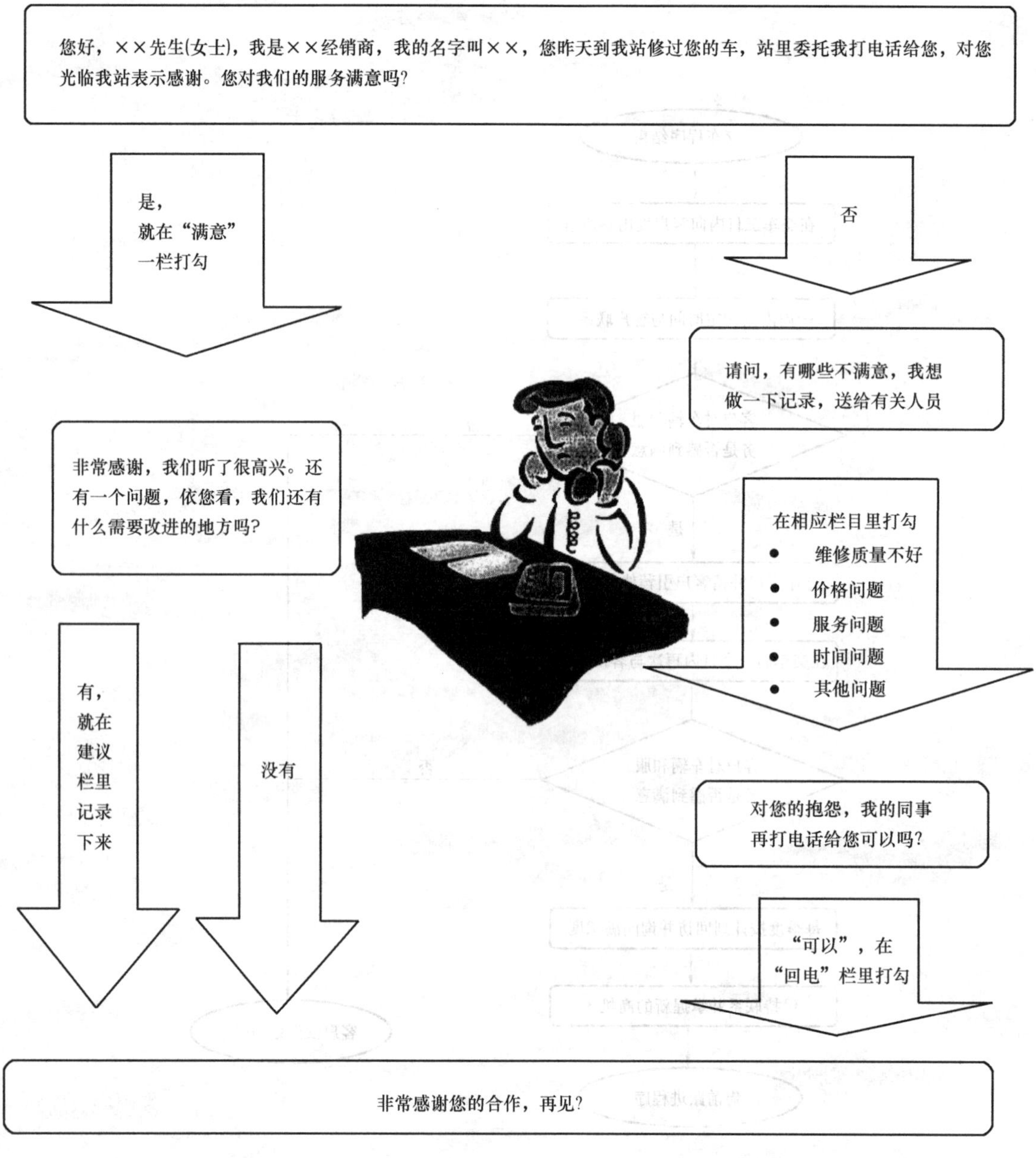

您好，××先生(女士)，我是××经销商，我的名字叫××，您昨天到我站修过您的车，站里委托我打电话给您，对您光临我站表示感谢。您对我们的服务满意吗？

是，就在"满意"一栏打勾 ↓　　　　　　　　　否 ↓

非常感谢，我们听了很高兴。还有一个问题，依您看，我们还有什么需要改进的地方吗？

请问，有哪些不满意，我想做一下记录，送给有关人员

在相应栏目里打勾
- 维修质量不好
- 价格问题
- 服务问题
- 时间问题
- 其他问题

有，就在建议栏里记录下来　　　没有

对您的抱怨，我的同事再打电话给您可以吗？

"可以"，在"回电"栏里打勾

非常感谢您的合作，再见？

【案例一】

黄女士3天前购买了中天日产的骐达，你作为她的销售顾问，对她进行一次回访。

分析：(A代表销售顾问，B代表黄女士)

A： 黄女士您好，我是中天日产4S店的销售顾问小王，很冒昧打扰您！您现在方便接听电话吗？

B： 可以。

项目十三 售后跟踪服务

A：首先对您购买我们东风日产品牌汽车表示由衷的感谢，您在这一路上驾驶新车是否适应？有什么操作不明白的地方吗？

B：不客气，这个车我在交车的时候各个操作你讲得很清楚了，暂时没有发现什么问题，如果有什么问题打你电话，可以吗？

A：完全可以啊，为了更好地爱护您的车辆，在三个月内，5000公里左右车辆应该做首保，首保是免费的，请您在进站的时候带着您的保养手册，我们的服务顾问和维修技师会为您的车做一次全面的检查。到时候我再电话提醒您，可以吗？

B：哦，麻烦你了！

A：黄女士，还要提醒您的是：车辆在首保之前属于磨合期，为了使您的爱车处于良好的磨合期状态，行驶时车速低于80公里/小时，减少急加速、急减速和刹车。

B：哦！谢谢你的提醒。

A：黄女士，对于您此次的购车经历，您对我的服务有什么意见或者建议吗？

B：不错不错！

A：黄女士，如果您满意我的服务的话，以后有朋友或亲戚需要购车的话，也请介绍给我吧，我一定会提供更好的服务给他们。

B：好的，一定！

A：感谢您对我们工作的支持，如您的车辆在使用中需要帮助的话欢迎您拨打我们的服务电话！祝您用车愉快！再见！

【案例二】

张先生2天前来别克4S公司对他购买的别克君越轿车进行了车辆首次保养，请你对张先生进行一次维修保养的回访。

分析：（A代表客户回访员，B代表张先生）

A：您好！张先生吗？我是别克4S店的客户回访员，很抱歉打扰您啦，请问您现在方便吗？

B：我正在开会呢不方便！

A：对不起，打扰您啦，您什么时候方便接听，我们会再次和您联系！

B：一个小时之后再打来吧！

A：张先生，您好！我是刚刚和您电话预约的别克4S店的客户回访员，谢谢，想占用您两分钟时间做个简单的回访，您的爱车于2天之前来我店进行了保养或维修是吗？

B：是的。

A：交车后，现在的车辆使用情况怎么样呢？

B：暂时没有什么问题，还好。

A：您对这次维修\保养质量的满意度如何？

B：嗯，挺好！

A：针对上次的维修服务经历您对我们服务质量总体感觉满意度怎么样呢？

B：挺满意的。

A：接待人员是否在维修保养前向您主动提供过报价呢？

119

汽车销售实务

B：这个有的。

A：维修保养后，接待人员对已进行服务项目的解释和最终收取费用的解释，您的满意度如何？

B：嗯，解释的比较清楚。

A：付款的方式你觉得正规便捷吗？

B：我是刷卡的，比较方便。

A：交车时是否对您的爱车进行清洗呢？

B：有的。

A：最后您对我们的产品和服务有什么意见和建议吗？

B：没有！

A：好的，我的回访结束，非常感谢您对我们工作的支持！如您的车辆在使用中需要帮助的话欢迎您拨打我们的服务电话！祝您用车愉快！再见！

（如有意见）

A：非常感谢您给我们提供宝贵的意见！我们一定会不断改进我们的服务，以便以后更好地为您服务！如有问题，欢迎您随时和我们联系！再次感谢你对我们工作的支持，如您的车辆在使用中需要帮助的话欢迎您拨打我们的服务电话！最后祝您用车愉快，再见！

任务 2
客户投诉处理

一、任务分析

在汽车4S店中，经常会遇到各种各样的客户投诉问题，怎样才能更好地处理好客户的投诉，并转变成忠诚客户是非常重要的。

二、任务学习

在4S店中的销售和维修环节提供的服务会使客户产生不同的感受。当前，集"整车销售、配件供应、信息反馈、汽车维护"四位一体的品牌汽车销售模式已经成为了汽车销售的主流，但由于在我国发展的时间还较短，特别是管理上存在着各个环节衔接方面的问题，如售前与售后沟通不足，信息堵塞；销售人员缺乏服务意识，缺乏开发潜在客户的意识，出现客户服务断层；服务目标缺失，客户服务杂乱无章、各行其是；没有对客户进行系统的开发和管理等。因此经常会听到客户的抱怨，客户的抱怨就是客户不满意的一种表现，而企业只有重视客户、使客户满意，才能创造更多的客户价值，获得立足市场的资本。

在处理所有投诉过程中，必须树立一个正确的观念：只有自己的错，没有客户的错；即使是客户一时的误会，也是我们自己解释不够。基于这种观念，并能诚心诚意地去解决问题，感动客户，取得谅解，这样车主很可能成为4S店的回头客户，而且还会带来新的客户。

在4S店的投诉客户，处理的技巧是以礼貌的态度听取车主的意见，并单独请到客户休息室，以免干扰其他车主，扩散影响。

1. 汽车 4S 店客户投诉处理技巧和注意事项

（1）基本的做法

① 接待员去接待有意见的车主（必要时由站长出面）。

② 态度要诚挚。

③ 接触之前要了解本次维修详细过程和车主的情况。

④ 让车主倾诉他的意见，这样才能使其恢复情绪，平静地说话。

（2）处理原则

① 对 4S 店的过失，要详尽了解，向车主道歉。

② 让车主觉得自己是个重要的客户。

③ 对车主的误会，应有礼貌地指出，让车主心服口服。

④ 解释的时候不能委曲求全。

⑤ 谢谢客户让你知道他的意见。

（3）注意的问题

① 注意心理换位，把自己置身于车主的处境来考虑问题。

② 让车主倾诉自己的怨言。

③ 时间不能拖，要及时处理，否则问题会越变越严重。

（4）具体处理方法

① 车主打电话或来店投诉时，用平静的声音告诉客户。

"谢谢你给我们提出了宝贵的意见"，切忌与车主发生争执。

② 仔细倾听客户的抱怨。

③ 确实属于我们的问题，除向客户诚挚道歉以外，马上根据客户的时间安排返修，并承担相关的费用。

④ 不属于我方造成的问题。

a. 耐心向客户作出解释，解释时注意不要刺伤车主的感情。

b. 建议对车辆存在的问题进行免费检查，并在征得客户同意的前提下，进行检修。

c. 收费问题可以适当优惠或对工时费予以减免。

⑤ 再次对客户的投诉表示感谢。

2. 汽车 4S 店客户投诉处理流程

（1）客户投诉处理流程

1）任何人在接到客户意见后，第一时间向客户道歉，并记录投诉内容以及相关内容，比如时间、地点、人员、事情经过、其结果如何等问题，了解投诉事件的基本信息，并初步判断客户的投诉性质，在 1 小时内上报客户经理或客户服务中心，由客户经理或客户服务中心立即填写《客户信息反馈处理单》。

2）客户服务中心立即给该《客户信息反馈处理单》进行编号并简单记录基本信息：车牌号、填单人姓名、内容概要。

（2）对于明显能确定责任的质量问题、服务态度、文明生产、工期延误的投诉

1）客户经理在 24 小时内协同被反馈部门完成责任认定并对责任人完成处理意见后，完成与客户的沟通（如有必要）并将《客户信息反馈处理单》转给管理部。24 小时内没有联系上的客户，客户经理应在 48 小时完成上述工作。

2）管理部在接到《客户信息反馈处理单》后，在四小时内根据公司文件对处理意见进行复核，对认可的处理出具过失处理意见；对有异议的，召集客户经理和相关部门进行协商并签署协商意见。在4小时内，将处理结果上报主管总经理，同时将主管总经理的处理意见反馈给客户经理和相关部门执行。

3）管理部在8小时内根据最终处理意见实施责任追究、进行过失沟通，完成最终的《客户信息反馈处理单》并于当日转客户服务中心。

（3）对于当时无法确定责任的质量问题、配件延时、客户不在场、客户没有时间的投诉

1）客户经理通知客户在客户方便时直接找客户经理解决，报主管总经理认可后，按未了事宜进行处理。

2）如客户属于重大投诉，客户经理应请示主管总经理后上门拜访客户。

3）未了事宜由客户经理和客户服务中心分别在各自的《未了事宜台账》上进行记录，并在维修接待电脑系统中明确标注。

4）客户经理每月4日完成上个月未了事宜的客户沟通，提醒，及时回厂处理并及时掌握未了事宜的变化情况。

3. 回访流程

客户服务中心对处理完毕的《客户信息反馈处理单》，并有客户经理明确标明需要回访的客户，在24小时内进行回访；对正在处理中的《客户信息反馈处理单》暂停回访，直至处理完毕后再进行回访。

【案例一】

顾先生气势汹汹的抱怨道：你们4S店怎么回事啊，我的车同一问题修了3次了，总是修不好，今天来检测出来还是这个问题，今天你们一定要给我个说法。

分析：

"顾先生您好，这么热的天，您来一次也不容易，我也充分体谅您的心情，如果是我也会发火的，我们都不希望发生这样的事情。我先陪您到我们的休息室休息一下。我立刻安排技师对您的车辆进行检测，因为有些问题属于间歇性，需要多次试车才能确认故障原因，因此您每次入厂之后，我们都会有专人对您进行回访，就是想追踪一下你的车辆检修之后的结果，如果仍有问题，我店一方面会将你的情况积极向厂家进行反馈，另一方面也会帮你考虑采取其它的检修方法。"

如果是因为技术、配件以及诸多其他外界原因造成时间上的延误，致使客人产生抱怨：

"顾先生，感到非常抱歉。请容许我为您解释一下。在您等待的过程中，我们的维修技师为您的爱车做了全面的检修，但是现在所遇到的问题是（对应解释延误提车的原因），还需要您等待2小时，如果您有急事的话我们可以用公车把您送到目的地。"

↓

客人同意，则投诉中止。

若要求客人在站点等待的：

"请麻烦您再等上一段时间，我们会把维修进程随时告知您。您看这样行吗？"

↓

客人同意，则投诉中止。

↓

仍要投诉：

↓

"顾先生，您看这样行不行，我已经把这个情况告诉我们领导了，他对此事也非常重视，如果您有什么其他要求，可以跟我们领导进一步的沟通，我相信我们一定会给您一个满意的答复。"

【案例二】

王先生打电话投诉：为什么我的车现在行驶时车身有异响产生？全车四周到处异响！车辆在行驶中有异响如何处理？在不平路面行驶时出现吱吱异响，好烦！这像10万元的车吗？

分析：

1. 电话咨询

您好，别着急，如果方便的话，请您到我们店里来仔细检查一下，然后我们会根据检查情况采取相应的措施处理，请您放心。如果您现在不方便的话，我就您的情况请我们的技师给您回个电话。

2. 现场解释

车辆在行驶过程中，车身承受着各个方向的应力。由于车辆使用的路况是复杂的，如果经常行驶颠簸、坑洼路面，会导致局部扭曲变形，这种变形虽然很小、肉眼看不出来，但是的确存在着，积累多了部件之间就容易发生干涉，导致车身异响。请放心，让我们的钣金师傅给您试一下车，找到异响部位给您消除就好了。

【案例三】

你们这么大的4S店，喷漆时间怎么要那么长？你们家烤漆太慢了，我在外面喷漆用不了这么长时间！（对于事故车着急修复和提车的用户）

分析：

1. 针对作业内容的说明

喷漆慢，主要是因为喷漆的工序较多，我们店喷漆一共有好多工序，实实在在（需要的话可以给客户工序板看，讲解）；另外烤漆是有工艺要求的，每道工序都需要时间来完成，并且有的工序要等到上一遍油漆干透后才可以做。本着为客户负责，同时为了保证我们的修理质量，我们每一项都严格的执行，这样就造成时间相对的长了一些。

2. 针对用户等待时间过长的说明（人多的情况）

我们是××指定的4S店，质量和工艺都有严格保证，喷漆车辆相对比较多，时间会稍长一点。

3. 补充说明

请您放心，我们会在保证喷漆质量的前提下尽量缩短您的车辆在厂停滞时间，你看好吗？另外，我们建议您下次来店时能够提前预约，这样我们可以为您提前安排好一切，为您

节省时间,好吗?

作业

1. 李小姐两天前在你们丰田4S店买了一辆1.6L的卡罗拉,请你现在对李小姐做个售后电话回访的工作。

2. 郑先生1年前在你这买了一部车,最近你听说他的一个朋友看中你们公司的宝马320,你们公司正好有个试乘试驾的活动,请你打电话邀请郑先生和他的朋友。

3. 你的客户张小姐昨天刚刚来做了首保,请你对张小姐做个售后的回访。

4. 有个客户说:"你们的服务流程太烦琐了,真是浪费时间!快开进修车吧!来你们这儿修车太麻烦了,这么多手续,太耽误时间!"你应该如何应对。

5. 有个客户说:"为什么每次到维修中心之后都要打电话给我?你们真是好烦!做一次保养就有好几个人打电话过来回访!你们厂家有事没事就给我们打电话,吵死了!"你应该怎样应对。

6. 写一份实习报告。

项目十四　汽车销售合同

学习目标

- 了解买卖合同的性质
- 熟悉买卖合同的主要条款
- 掌握汽车销售合同的订立过程
- 理解汽车销售合同主要条款的法律涵义

技能要求

- 能熟练订立汽车销售合同
- 能向顾客解释汽车销售合同条款和注意事项
- 能处理一般汽车销售合同纠纷

任务1　买 卖 合 同

一、任务分析

汽车销售工作涉及面广，影响到的利益相关者较多，要求遵循的法律法规也较多，销售人员应对相关的法律法规知识有一个系统的了解，以便更好地开展销售工作。作为一名汽车销售人员在销售过程中不可避免地要与顾客订立买卖合同，因此作为一名合格的销售人员必须对《中华人民共和国合同法》特别是买卖合同有相应了解。

二、任务学习

1. 买卖合同的性质

（1）买卖合同属于双务合同　双务合同是指当事人双方互负对待给付义务的合同，即一方当事人所享有的权利是另一方当事人所负有的义务,反之亦然。如常见的买卖、租赁、承揽、运输等合同均为双务合同。

(2) 买卖合同属于有偿合同　有偿合同是指一方通过履行合同规定的义务而给对方某种利益,对方要求得到该利益必须为此支付相应代价的合同。有偿合同是商品交换最典型的法律形式,在实践中,绝大多数反映交易关系的合同都是有偿的。

(3) 买卖合同属于有名合同　有名合同,又称典型合同,是指法律上已经确认了确定名称及规则的合同。《合同法》规定了15类有名合同:买卖合同,供用电、水、气、热力合同,赠予合同,借款合同,租赁合同,融资租赁合同,承揽合同,建设工程合同,运输合同,技术合同,保管合同,仓储合同,委托合同,行纪合同,居间合同等。

(4) 买卖合同属于诺成合同　诺成合同是指当事人一方的意思表示一旦为对方同意即成立的合同。诺成合同的特点在于当事人双方意思表示一致之时合同即告成立,绝大多数的合同都是诺成合同。

2. 买卖合同形式

《合同法》第10条规定:"当事人订立合同,有书面形式、口头形式和其他形式。法律、行政法规规定采用书面形式的,应当采用书面形式。当事人约定采用书面形式的,应当采用书面形式。"根据这一规定,合同形式可以分为书面形式、口头形式或其他形式。在我国汽车销售实践中为避免不必要的合同纠纷一般采用书面形式。

3. 买卖合同的主要条款

(1) 当事人的名称或者姓名和住所　这一条款也可以称为当事人条款,为合同的履行提供方便,同时住所也是判断当事人履行情况的依据。在发生纠纷之后,当事人的住所还可以成为法院确定受诉的依据。

(2) 标的　标的即合同权利义务指向的对象。合同的标的必须准确无误,标的的名称、型号、规格、品种、等级、颜色等都应当规定清楚,避免发生误解。

(3) 数量　数量是标的在量的方面的具体化,是计算和衡量合同当事人权利义务的尺度。

(4) 质量　质量是标的质的规定性,是指对标的在标准和技术方面的要求。关于质量的标准,国家有许多不同的要求,当事人应当予以明确。当然,当事人也可以根据合同的目的约定特别的质量标准。在质量条款中,除应当规定检验质量的标准之外,还应当载明对产品质量负责的期限和条件、产品质量检验的时间和方法等内容。

(5) 价款　价款就是指买受人为取得标的物而应当向对方当事人支付的货币。

(6) 履行期限、地点和方式　履行期限就是指债务人履行合同义务和债权人接受履行的时间界限,是确定当事人是否发生迟延履行的依据。期限有期日和期间之分,履行期限可以为一个确定的日期,也可以是一个时间段。无论是期日还是期间,履行期限一定要明确具体。履行地点是债务人履行合同义务和债权人接受履行的地方。履行地点是确定验收地点、合同标的是否交付、标的所有权是否转移、标的物意外灭失风险由哪一方承担的依据。在特殊情况下,履行地点还可能成为确定价款的依据。

(7) 违约责任　违约责任是指当事人不履行合同义务或者履行合同义务不符合约定而应当承担的民事责任。违约责任的形式多种多样,主要有继续履行、采取补救措施、赔偿损失、违约金责任等。

（8）解决争议的方法　解决争议方法的条款中，主要包括在当事人不愿和解、调解或者和解、调解不成的情况下，通过诉讼或者仲裁的方式来解决双方的争议。由于仲裁和诉讼管辖在性质上是相互排斥的，当事人或者选择诉讼方式解决争议，或者选择仲裁的方式解决争议。当事人可以根据仲裁协议向仲裁机构申请仲裁。涉外合同的当事人可以根据仲裁协议向中国仲裁机构或者其他仲裁机构申请仲裁。当事人没有订立仲裁协议或者仲裁协议无效的，可以向人民法院起诉。对于发生法律效力的判决、仲裁裁决、调解书，当事人应当自觉履行；拒不履行的，对方可请求人民法院依法执行。

【案例】

某甲和某工厂订立一份买卖汽车的合同，约定由工厂在6月底将一部行驶3万公里的货车交付给甲，价款3万元，甲交付定金5000元，交车后15日内余款付清。合同还约定，工厂晚交车一天，扣除车款50元，甲晚交款一天，应多交车款50元；一方有其他违约情形，应向对方支付违约金6000元。合同订立后，该车因外出运货耽误，未能在6月底以前返回。7月1日，货车在途经山路时，因遇暴雨，被一块落下的石头砸中，车头受损，工厂对货车进行了修理，于7月10日交付给甲。10天后，甲在运货中发现货车发动机有毛病，经检查，该发动机经过大修，遂请求退还货车，并要求工厂双倍返还定金，支付6000元违约金，赔偿因其不能履行对第三人的运输合同而造成的经营收入损失3000元。另有人向甲提出，甲可以按照消费者权益保护法请求双倍赔偿。工厂意识到对自己不利，即提出汽车没有办理过户手续，合同无效，双方只需返还财产。

分析：

合同法第一百一十四条规定：当事人可以约定一方违约时应当根据违约情况向对方支付一定数额的违约金，也可以约定因违约产生的损失赔偿的计算方法。约定的违约金低于造成损失的，当事人可以请求人民法院或者仲裁机构予以增加；约定的违约金过分高于造成损失的，当事人可以请求人民法院或者仲裁机构予以适当减少。

当事人迟延履行约定违约金的，违约方支付违约金后，还应当履行债务。

任务2　汽车销售合同的主要条款

一、任务分析

汽车销售合同属于买卖合同的一种，有一般买卖合同的特征，同时由于汽车销售活动的独特性，汽车销售合同又有不同于一般买卖合同的特点。作为一名汽车销售人员必须掌握订立销售合同的过程并向顾客解释主要条款的法律涵义。

二、任务学习

下面通过一份标准汽车销售合同来进行阐述。

汽车销售合同

销售方（以下简称"甲方"）：
地址：_____ 邮编：_____
电话：_____ 传真：_____
负责经办人：_____ 手机：_____
买受方（以下简称"乙方"）：_____
身份证号码或公司注册号：_____
地址：_____ 邮编：_____
电话：_____

甲乙双方经过协商，就购买甲方汽车达成一致协议如下：

一、标的车辆简况
汽车品牌：_____
型号：_____
车身颜色：_____
座椅颜色/材质：_____ 真皮_____ ；其他_____ 。
发动机号：_____
车架号：_____
产地：_____
制造商：_____
自动变速器_____ 或手动变速器：_____
新车_____ 或二手车：_____
出厂日期：_____

注意事项：
甲方所交付的车辆如果是新车，甲方保证其所交付的车辆不是返修车、库存车，且应为零公里车（因办理手续、提车而进行的必要移动除外）；甲方所交付的车辆如果是二手车，甲方保证：车辆没有被抵押、没有被司法机关查封，里程表上的记录是真实、可信的，没有对其进行任何里程回拨。

二、价款
乙方须向甲方支付的总价款为人民币_____ ，该金额由以下几部分构成：
1）车价_____ 元；
2）购置税_____ 元；
3）保险费_____ 元；
4）牌照费_____ 元；
5）本合同第五条第_____款的代办费_____元。
乙方不再承担任何加急费、手续费、运费、出库费等费用。

三、交车方式
交车地点：_____ 交车时间：_____
付款方式：_____ 付款时间：_____

四、甲方同意向乙方无偿赠送以下设备、配件和提供如下的免费服务：
_____
_____
_____

五、经乙方的书面委托，甲方可向乙方提供以下服务

乙方打勾选定如下服务项目，同时应按甲方和保险公司、银行、车辆登记机关的要求提供相应所需的文件和证明。

甲方完成上述代办事宜后，应将相应的牌照、发票、保险单等票据凭证完整地交给乙方，乙方按票据凭证支付。

因办理上述手续而产生的代办费由双方约定，甲方亦可免收代办费。甲方的代理行为应在乙方的委托授权范围内进行，否则后果自负，如因此给乙方造成损失的，甲方应承担赔偿责任。

1. 代理乙方向保险公司购买有关汽车保险_____ 代办费：_____；
2. 代理乙方向有关银行提出并办理汽车贷款_____ 代办费：_____；
3. 代理乙方参与汽车牌照的投标_____ 代办费：_____；
4. 代理乙方为所购汽车上牌_____ 代办费：_____；
5. 乙方要求的其他服务_____ 代办费：_____。

六、质量和维修

1. 甲方向乙方出售的汽车，其质量必须符合国家颁布的汽车质量标准和汽车行业标准。如果汽车制造商的企业标准高于国家标准或行业标准的，则必须达到企业标准。甲方出售的车辆应当与随车提供的产品说明书或车辆使用书的质量状况相一致。

乙方对车辆的特殊质量要求如下：_____。

2. 甲方向乙方出售的汽车，必须是在《全国汽车、民用改装车和摩托车生产企业及产品目录》上备案的汽车或合法的进口汽车。

3. 甲方向乙方出售汽车时要真实、准确、完整地介绍所销售车辆的基本情况，并提醒乙方注意有关车辆的非缺陷性的瑕疵状况，不得做虚假陈述或隐瞒车辆的真实状况。

4. 甲方在向乙方出售车辆时必须向乙方提供以下书面文件：

①汽车销售发票；②车辆合格证、海关进口证明和商品检验单（进口车）；③保修卡或保修手册；④中文说明书；⑤随车工具及附件清单；⑥车辆行驶证、登记证及以往维修记录或维修单位和所投保的保险公司的名称、地址、电话（二手车）。

5. 乙方在购车时应认真检查出卖人所提供的车辆证件、手续是否齐全。

6. 乙方在购车时应对所购车辆的使用性能及外观进行认真检查、确认。

7. 如乙方使用、保管或保养不当造成的问题，由乙方自行负责。

8. 甲方应当在交车时向乙方提供车辆交接单一份（见附件），由乙方对该车的外观、使用性能进行检查、确认。

9. 甲方及车辆生产商应保证车辆在正常行驶状况下的安全性，而无安全隐患，《产品说明书》或《产品使用书》应对安全操作方法、安全装置的时效、安全性的检测等做了详尽说明，并向乙方做了明确的告知。销售方及生产商应保证车辆在有效期内，所有《产品说明书》或《产品使用书》所载明的安全装置都处在有效的使用状态。

10. 汽车在购买后，由买受人负责与生产厂家的特约维修站联系，但甲方应提供联络、

沟通的便利及协助。甲方及车辆生产商应建立一定数量的特约维修站，并保证车辆能及时获得修理，汽车零部件充足，收费合理。

七、违约责任

1. 任何一方违反本合同，包括（但不限于）甲方不按本合同的约定交付车辆，或交付车辆质量不符合本合同条件的，或车辆有潜在的隐蔽瑕疵无法在交接时查验的；乙方不按本合同规定支付车款；不配合对方办理车辆贷款、保险、上牌的；任何一方违反保证、承诺条款或不履行协作配合义务，致使对方不能实现合同目的的，均须承担违约责任。守约方有要求降低价款、无偿修理（七日内修理完成）、支付违约金（以每迟延一日，以车辆总价款的5‰计算）、换车、继续履行本合同、解除本合同的各项权利，上述权利可由守约方根据不同情况合理选择。

2. 如属于在汽车交车以前出现的质量问题（包括外观），甲方未向乙方明示的，乙方有权按照本条款规定追究甲方违约责任。但甲方有证据表明对质量问题没有过错，甲方是不知情的，则甲方可以免责。

甲方虽然已向乙方交车，但在甲方按照本合同第五条提供相关服务如上牌、代办保险时造成车辆损坏的，甲方应当及时免费修理，乙方有权要求甲方适当降低车价或赔偿损失。

车辆的主要部件和系统如发动机、电路系统、油路系统、制动系统、转向系统出现故障而1年内经2次修理后仍不能修复的，且甲方隐瞒车辆真实状况的，甲方应承担相应的法律责任。情形严重的，乙方可以解除本合同。

甲方提供的汽车由于各种部件发生质量问题，造成车辆频繁维修，而影响到乙方正常使用的，乙方可以要求甲方赔偿损失；问题严重导致车辆无法正常行驶，且甲方隐瞒车辆真实状况的，乙方可以要求解除合同。

八、争议解决

因本合同引起的或与本合同有关的任何争议，由双方当事人协商解决；协商不成，任何一方均可以采取以下方式解决：

1. 向甲方所在地法院提起诉讼。
2. 向乙方所在地法院提起诉讼。
3. 向中国国际经济贸易仲裁委员会××分会提起仲裁。
4. 向××仲裁委员会申请仲裁。

九、合同文本

本合同一式肆份，双方各执贰份。

十、合同效力

本合同经甲、乙双方签字或盖章后即生法律效力；但如果乙方购买车辆按揭贷款的，双方约定选择下列方法实施：

1. 银行同意对乙方按揭贷款的，则本合同生效；否则，本合同不生效。
2. 不管银行是否同意按揭贷款，本合同均为有效；改由乙方向甲方支付全部车款，但甲方同意给予一定的宽限期，乙方向甲方分期支付，支付方式和时限为：_____。

十一、其他约定事项和条款

本合同附件或补充协议、补充条款与本合同具有同等法律效力。

甲方（签字或盖章）：　　　　　　　　乙方（签字或盖章）：

代理人（签字或盖章）：　　　　　　　　代理人（签字或盖章）：
电话：　　　　　　　　　　　　　　　　电话：
　年　　　月　　　日

鉴于购车是一种民事法律行为，涉及标的额较大、专业性较强、法律规范较多。为更好地维护双方当事人的权益，双方签订合同时应当慎重，力求签订得具体、全面、严密。

注意事项：

1. 购车人在购车前最好先看到业务员的授权书或介绍信，以明确业务员的真实身份，而不仅仅是看名片。购车人在签订购车合同前最好是先去销售商单位实地查看一下销售商的规模、实力、检查一下其营业执照的原件，以确认销售商的身份和资质状况。

2. 如果销售方是公司，购车人应要求销售方提供营业执照复印件及有关的资质证明文件；如果销售方是个人，则应该要求其提供个人身份证复印件、行驶证或车辆登记证。

3. 购车人在签署购车合同时需要确定销售方的盖章名称与购车合同、发票上的名称三者必须保持一致，如果出现不一致，将导致责任主体不清，对购车人而言会不利。

4. 汽车的发动机、音响、空调以及行驶时的噪声声响等等质量问题很难在合同中明确约定，购车人只能在交接车时找比较懂车的内行人士或老驾驶员试开一下，如果发现问题在交接单上注明或当场拒收，免去日后取证上的麻烦。

5. 对于进口车辆，购车人需要写明，不要只简单地写是进口原装，最好明确制造地，因为现在跨国汽车公司都已实现全球采购制造，在泰国、马来西亚制造的汽车与在日本、美国本土制造的质量、价格都会有很大的差异。

附件：

<h2 style="text-align:center">车辆交接单</h2>

NO.

交接日期　　　年　　　月　　　日

收车单位：

品牌车型：

颜　色：

发动机号：

车架号：

验收项目：项目验收无擦伤请证明："√"或"好"，有擦伤请证明"×"或一般

检查验收内容：

1. 说明书＿＿＿＿＿＿＿＿

2. CD＿＿＿＿＿＿＿＿

3. 备胎＿＿＿＿＿＿＿＿

4. 喇叭＿＿＿＿＿＿＿＿

5. 千斤顶＿＿＿＿＿＿＿＿

6. 刮水器＿＿＿＿＿＿＿＿

7. 空调＿＿＿＿＿＿＿＿

8. 点烟器＿＿＿＿＿＿＿＿

9. 熔断器_____
10. 收音机_____
11. 门窗开关_____
12. 随车工具_____
13. 内饰_____
14. 车身油漆_____
15. 车辆灯光_____
16. 电动天窗_____
17. 电动天线_____
18. 遥控器_____
19. 钥匙_____
20. 反光镜_____
21. 合格证拓印_____

说明：

1. 车主签收车辆以前对上述各项轿车手续及标准验收，确认后签字；
2. 若委托提车，代理人办理交车手续时所作任何行为视同委托人行为，车辆离开本公司（库）后概由委托人负责。

【案例】

原告：徐××，男，汉族，1969年×月×日出生，汉族，华容县人，个体工商户，住岳阳市巴陵中路148号。

被告：岳阳××汽车销售维修服务有限公司，住所：岳阳市巴陵东路××号。

法定代表人：张××，该公司董事长。

2007年12月26日，原、被告签订一份《汽车销售合同书》，约定由原告以239 800元的价格购买一台被告经销的黑色HG7240SR型汽车；交车时附带的票据（资料）为整车资料。合同签订后，被告交付给原告黑色HG7240SR型汽车一辆。在合同签订的前一天，原告已向被告交付了一张贴现后金额为94 000元的银行承兑汇票；2008年1月31日，原告向被告支付购车款50 000元；庭审中，原告主张购车款239 800元已全部支付完毕，但未提供相关证据。被告只承认收到了原告144 000元的购车款，被告同时认为原告没有举证证明被告未向其交付车辆出厂合格证。对此，原告当庭提供了一份有原告、被告销售员王××签名的《发车确认单》，在该确认单的"提车时请车主注意检查以下汽车资料附件"一栏中，在产品说明书、保修手册两项前有"√"的标记，而在合格证、技术参数表、免检证、销售发票四项前没有标记。被告以原告举证超过了举证期限为由拒绝质证，而且主张，即使被告未向原告提供车辆出厂合格证，也不构成根本性违约。

原告于2008年6月12日向本院提起诉讼，请求人民法院依法判令被告返还原告购车款239 800元及利息10 000元；被告请求驳回原告的诉讼请求。

分析：

原、被告签订的《汽车销售合同书》合法有效，双方均应按合同约定全面履行自己的义务。根据"肯定者举证，否定者不举证"的法学原理，本案的举证责任应当是由被告来证明其已向原告交付了车辆出厂合格证，而不应由原告来证明其没有收到被告交付的车辆出厂合格证，故被告关于原告没有举证证明被告未向其交付车辆出厂合格证的抗辩，不能成立；被告不能举证证明其已向原告交付了车辆出厂合格证，故无论原告提供的《发车确认单》的证据效力是否被认定，都不影响对被告未向原告交付车辆出厂合格证这一事实的认定。根据公安部对机动车管理的相关规定，机动车辆必须办理注册登记，而车辆所有人在办理注册登记时，应当提供所登记车辆的整车出厂合格证明，否则车辆管理部门不予办理。本案中，被告不向原告交付讼争车辆的出厂合格证，会导致讼争车辆不能办理注册登记，原告会因此不能正常使用讼争车辆，购车的目的就不能实现。故此，被告关于即使未向原告交付车辆出厂合格证也不构成根本性违约的抗辩主张，不能成立，对原告要求被告返还购车款的诉讼请求，本院予以支持。原告未提供以其他方式支付了购车款的证据，被告关于原告只支付了购车款 144 000 元的抗辩主张成立，本院予以采信。原告要求被告返还购车款，其法律性质就是要求解除《汽车销售合同书》，故此，原告在要求被告返还购车款的同时，应当将占有的讼争汽车返还给被告。因讼争汽车在返还前一直由原告控制使用，故对原告要求被告支付返还购车款利息的诉讼请求，本院不予支持。据此，依照《中华人民共和国合同法》第六十条、第九十四条第四项、第九十七条的规定，判决如下：一、由被告返还原告购车款 144 000 元；二、由原告返还被告黑色 HG7240SR 型汽车一辆；三、驳回原告的其他诉讼请求。

作业

1. 阐述买卖合同的性质、主要条款。
2. 定金、订金在销售合同中的区别是什么。
3. 演示汽车销售合同的填写。

项目十五　二手车评估

学习目标

- 了解二手车的基本概念
- 掌握二手车过户所需的手续
- 掌握二手车成新率的计算方法
- 掌握二手车鉴定评估的计算方法

技能要求

- 能进行二手车的推销工作
- 能准确计算客户车辆的成新率
- 能根据客户不同的车型等情况对车辆进行估价
- 能准确说出办理二手车的手续

任务1　二手车评估的基本概念

一、任务分析

现在市场上二手车交易越来越红火，作为汽车销售专业人员，当我们的客户想置换车辆时，我们该怎样跟他们阐述二手车置换方面的知识，通过本任务的学习，同学们要了解二手车的含义、二手车的特点、掌握二手车交易所需的证件、二手车交易流程及二手车交易注意事项。

二、任务学习

1. 二手车含义

公安交通管理部门登记注册，在达到国家规定的报废标准之前或在经济使用寿命期内服役，并仍可继续使用的机动车辆。

根据国家经济贸易委员会、国家发展计划委员会、公安部、国家环境保护总局《关于调整汽车报废标准若干规定的通知》规定：非营运载客汽车使用年限标准为：9 座（含 9 座）以下非营运载客汽车（包括轿车、含越野型）使用 15 年；营运车辆转为非营运车辆和非营运车辆转为营运车辆一律按营运车辆的规定年限（8 年）报废；租赁公司汽车规定使用年限为 10 年。

汽车经济使用寿命，是指汽车从全新状态投入使用开始，到年平均总费用最低的使用年限。汽车使用超过这个年限，在技术上仍可继续使用，但年平均总费用上升，在经济上不宜继续使用。从汽车使用总成本出发，分析车辆制造成本、使用与维修费用、管理开支、车辆当前的折旧以及市场价格变化等因素，经过分析做出综合经济评定，才能确定汽车经济使用寿命。

汽车经济使用寿命是汽车经济效益最佳时机。在汽车更新政策允许的情况下，汽车用户在更新车辆时应以经济使用寿命为依据。据资料表明，在一辆汽车的整个使用期内，制造费用约占其使用期内总费用的 15%，使用、维修费用约占总费用的 85%。

2. 二手车产生的原因

1）喜新厌旧的消费心理。
2）消费观念不成熟。
3）车主收支失衡。
4）企业、政府部门或个人的产权变动。

3. 二手车的特点

1）单位价值大，使用时间长。
2）有权属登记，使用管理严格，税费附加值较高。
3）其使用强度、使用条件、维护保养水平差异较大，有较高的技术含量。

4. 二手车交易所需的证件

1）二手车交易双方或代理人身份证明。
① 二手车属于个人的，携带《居民身份证》或者《户口本》。
② 二手车属于单位的，携带《组织机构代码证》复印件，并且在《组织机构代码证》复印件上加盖公章。
③ 二手车所有人委托他人办理的，代理人应出具车主授权委托书和身份证明。
2）《机动车行驶证》、《机动车登记证书》。
3）机动车安全技术检验合格标志。
4）购车原始发票或最近一次交易的二手车销售发票。
5）机动车转移登记申请表（事前凭机动车行驶证到公安车管部门或交警大队领取并填好）。
6）车船使用税税讫凭证。
7）车辆购置附加税完税证明。
8）养路费缴讫证（票）。
9）交易合同原件。
10）国家机关、国有企事业单位的车辆应有资产处置证明和车辆鉴定评估报告书。

5. 二手车交易的流程

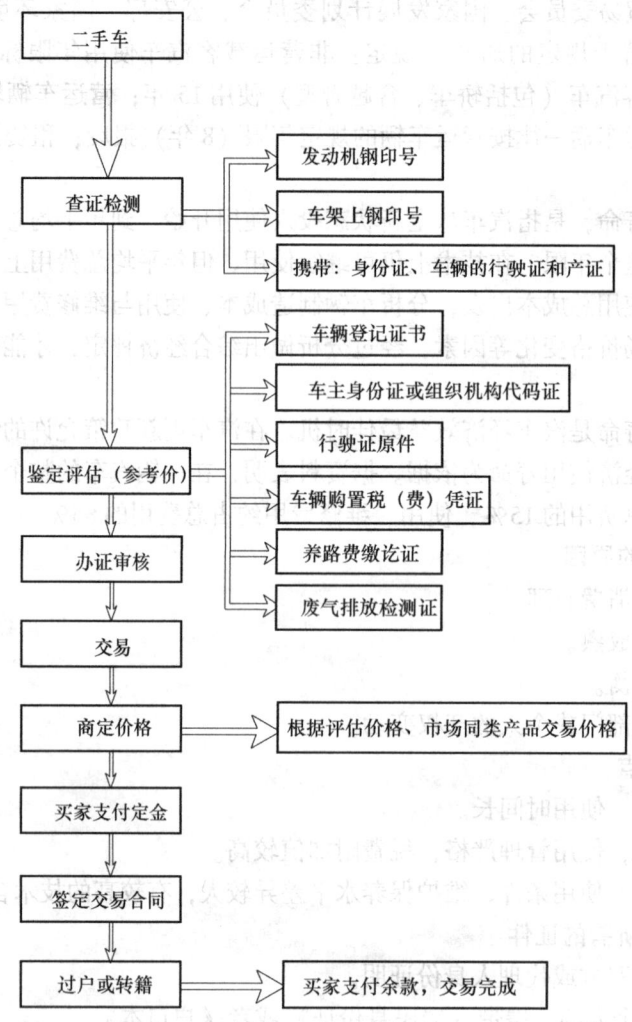

1) 旧机动车市场在车辆过户时实行经营公司代理制，过户窗口不直接对消费者办理。将车开到市场，有旧机动车经营公司为其代理完成过户程序：评估、验车、打票。

2) 买卖双方需签订由工商部门监制的《旧机动车买卖合同》，合同一式三份，买卖双方各持一份，工商部门保留一份。经工商部门备案后才能办理车辆的过户或转籍手续。

3) 等评估报告出来后，开始办理过户手续。办理好的过户凭证由买方保留，卖方最好也保留一份复印件，以备日后不时之需。

6. 二手车交易时注意事项

1) 根据《中华人民共和国道路交通安全法实施条例》第 2 章第一节第七条的规定已注册登记的机动车所有权发生转移的，应当及时办理转移登记。

申请机动车转移登记，当事人应当向登记该机动车的公安机关交通管理部门交验机动车，并提交以下证明、凭证：

① 当事人的身份证明。

②机动车所有权转移的证明、凭证。
③机动车登记证书。
④机动车行驶证。
2) 在买旧车之前要仔细检查以下证件：
①行驶证、身份证、户口本，确认卖车人是否是车主本人。
②是否改装车辆。仔细核对发动机、车架号码、车身颜色是否与行驶证登记的相符，是否自行更改发动机、车架号码。
③购置附加费证是否真实有效。
④当年车船使用税、养路费、年票等完税证明以及是否购买了保险。
⑤年审证明。核查该车是否通过年审。
⑥维修记录。如果无资料可查，可以带一个懂行的人判断该车是否有故障。

【案例一】

客户经常会问二手车交易繁琐，应注意哪些事情？

分析：

二手车的交易并不等同于二手手机的交易，不可能实现一手交钱一手交货。由于涉及过户等问题，因此，选择可靠和有资质的商家交易就显得更为重要。不要轻信那些只提供咨询服务的二手经纪人，否则交完了钱后，经纪人人去楼空了，受害的只是自己。

从确认买卖到办理二手车的交易手续，至少需要一个星期的时间。交易涉及大额车款，手续涉及多个部门，任何一个环节出现差错，都可能给交易中的一方带来一些不必要的麻烦。

【案例二】

二手车买卖的途径是否能介绍一下？

分析：

途径一：二手车交易市场；途径二：身边亲友；途径三：有资质的专业二手车公司或者汽车品牌销售4S店；途径四：网络；途径五：拍卖；途径六：单位内部处理。

【案例三】

客户：我想买车，但不知是买新车好还是买二手车好？

分析：

对于消费者来说，主要是根据自己的实际情况来选择。买新车的优点是明码标价，售后有保障。缺点是买车养车费用高，折旧快。买二手车的优点是便宜好养，适合练手。缺点是没价格参考，会产生一定的修理费用。

任务 2
二手车成新率的计算

一、任务分析

要想很好地为客户服务,帮客户准确的估算其车辆的价格,作为销售人员,首先应学会检查车辆,其次会计算该车的成新率。通过本任务的学习,学生能够掌握怎样检查二手车;了解成新率的概念;熟练掌握成新率的计算方法。

二、任务学习

1. 二手车检查技巧

(1) 检查外观

1) 检查车身漆色是否一致,两侧表面弧度是否平滑,以 30~45 度角看漆面反光是否合理,如有不同,车辆必然修复过,而且修复水平很差。

2) 将车辆放置在平地上,消费者站在距车 3~5 米的正前方,观察车的肩部是否一样高,如果不同,就说明车身钢架修复过或悬架、减振没有修复好。

3) 观察发动机盖和两侧翼子板之间的接缝是否均匀;车门边缘的缝隙是否一致,前大灯、后尾部组合灯与金属连接的缝隙是否一样,新旧程度是否一样。

4) 观察每一块玻璃的标识是否是同一品牌。

5) 动手开关所有车门,将车门开启到 45~60 度,并以正常力度关门,观察车门是否能够关严,声音大小是否相同,力度是否一致。

(2) 检查车舱

1) 检查座椅、内饰是否整洁、干净,有没有更换过或拆装过;车内自带的头枕、饰件是否齐全;各个开关操控是否顺手,有无问题。如果经纪公司将座椅、内饰进行过翻新,消费者要特别小心,此车很有可能有重大问题。

2) 起动前先打开点火开关,观察仪表的显示是否正常,有无缺少显示的现象。电喷车大都有故障警告灯提示功能,在打开点火开关时,各个提示灯都应亮,如果有提示灯没亮,很有可能此项故障车主没有排除,故意拆掉仪表盘的灯泡,以混淆视听。

(3) 试驾车辆

1) 车辆是否容易起动,如起动声音沉重,说明电动机、蓄电池或相关机械有问题。

2) 起动后,检查方向盘(带助力)左右打轮时的力度是否一致,转向角度是否合理,方向盘打死后,前轮是否有磨轮胎的现象出现,如果有,此车有可能出过交通事故,轮胎经常蹭着轮线,会对行车安全构成威胁。

3) 对于手动变速器通过行驶公里数和离合器的高低程度来判断离合器片是否需要更换,以及行驶时换档是否平顺;判断自动变速器的好坏主要通过感觉换档时是否平顺,"闯"的感觉是否强烈。此外,换档时观察发动机转速和车速是否在厂家规定的范围之间。

4) 行驶时注意车的噪声发生处和声音大小,判断此车的密封程度和隔音效果,另外还要注意发动机、变速器、差速器和悬架系统是否有异响,如发动机发出"当当当"或"哐哐哐"的声音,变速器、差速器发出"哗啦啦"的声音时,说明此部件该大修了。

5)制动系统主要看车辆的制动距离和制动是否跑偏,还要注意 ABS 是否会出现拖滞的现象,停车制动要选择在坡道上进行,并且车头向上和车头向下分别测试。

学生掌握了上述所讲的二手车检查的技巧后,可以通过看、听、试这三个方面大致判断车辆的使用情况。但是,要想更加具体化,还应进行定量分析。

2. 成新率的概念

成新率是反映旧车新旧程度的指标。成新率是表示旧车的功能或使用价值占全新机动车的功能或使用价值的比率。也可以理解为旧车的现时状态与机动车全新状态的比率。

3. 成新率的计算方法

旧机动车鉴定估价成新率的确定方法主要采用使用年限法、综合分析法两种方法。

(1) 使用年限法 根据机动车折旧方法不同,使用年限法估算成新率有两种方法。

1) 等速折旧法

$$C = (1 - Y/G) \times 100\%$$

其中,C 代表成新率;Y 代表已使用年限;G 代表规定使用年限。

2) 加速折旧法

① 年份数求和法。

$$C_n = \left[1 - \frac{2}{G(G+1)} \sum_{n=1}^{Y} (G + 1 - n) \right] \times 100\%$$

② 双倍余额递减法。

$$C_n = \left[1 - \frac{2}{G} \sum_{n=1}^{Y} \left(1 - \frac{2}{G} \right)^{n-1} \right] \times 100\%$$

3) 规定使用年限与已使用年限

① 规定使用年限。我国从 1997 年出台了《汽车报废标准》,后经多次修改,现阶段实行的标准为

8 年(常见的有出租车)、15 年【9 座(含 9 座)以下非营运载客汽车(包括轿车、越野车)】、10 年(其他汽车)。

② 已使用年限。从新车在公安交通管理机关注册登记之日起至评估基准日的年数。

在汽车评估中,通常将已使用年限和规定使用年限按年数计算,不足一年部分按 12 分之几折算。如 3 年 9 个月,前 3 年按年计算,后 9 个月按第四年折旧的 9/12 计算。汽车评估中通常不计算不足 1 个月的天数折旧。

通常,25 万元以上的汽车采用年份数求和法较好,25 万元以下的汽车采用双倍余额递减法较好。

(2) 综合分析法 综合分析法是以使用年限法为基础,再综合考虑影响旧机动车价值的多种因素,以系数调整确定成新率的一种方法。

影响旧机动车成新率的主要因素有车辆技术状况、车辆使用和维修状态、车辆原始制造质量、车辆工作性质、车辆工作条件等 5 个方面,这 5 个方面综合起来叫做综合调整系数(K)。

影响因素	因素分级	调整系数	权重（%）
技术状况（K_1）	好	1.0	30
	较好	0.9	
	一般	0.8	
	较差	0.7	
	差	0.6	
维护保养状况（K_2）	好	1.0	25
	一般	0.9	
	较差	0.8	
制造质量（K_3）	进口	1.0	20
	国产名牌	0.9	
	国产非名牌、走私罚没车	0.7	
工作性质（K_4）	私用	1.0	15
	公务、商务	0.9	
	营运	0.7	
工作条件（K_5）	较好	1.0	10
	一般	0.9	
	较差	0.8	

1）车辆无须进行项目修理或换件的，可以采用推介的综合调整系数，通过加权平均来获得。

2）车辆需要进行项目修理或换件的，或需要大修的，综合考虑上面的因素，可采用一揽子评估方法确定综合调整系数。

其计算公式为

综合成新率 = 成新率 × K × 100%

3）各调整系数的选取

① 车辆技术状况系数 K_1。车辆技术状况系数是基于对车辆技术状况鉴定的基础上对车辆进行的分级，然后取调整系数来修正车辆的成新率，技术状况系数取值范围为 0.6~1.0，技术状况好的取上限，反之取下限。

② 车辆使用和维护状态系数 K_2。它是反映使用者对车辆使用、维护的水平，不同的使用者，对车辆使用、维护的实际执行情况差别较大，因而直接影响到车辆的使用寿命和成新率。使用和维护状态系数取值范围为 0.8~1.0。

③ 车辆原始制造质量系数 K_3。确定该系数时，应了解车辆是国产还是进口以及进口国别，是国产的应了解是名牌产品还是一般产品。一般来说，国家正规手续进口的车辆质量优于国产车辆，名牌产品优于一般产品，但又有较多例外，故在确定此系数时应较慎重。对依法没收领取牌证的走私车辆，其原始制造质量系数建议视同国产名牌产品考虑。原始制造质量系数取值范围为 0.8~1.0。

④ 车辆工作性质系数 K_4。车辆工作性质不同，其繁忙程度不同，使用强度亦不同。把车辆工作性质分为私人工作和生活用车，机关企事业单位的公务和商务用车，从事旅客、货运、

城市出租的营运用车。以普通小轿车为例。一般来说。私人工作和生活用车每年最多行驶约2.5万公里；公务、商务用车每年不超过4万公里；而营运出租车每年行驶有些高达12万公里。可见工作性质不同，其使用强度差异之大。车辆工作性质系数取值范围为0.7~1.0。

⑤ 车辆工作条件系数 K_5。我国地域辽阔，各地自然条件差别很大，车辆的工作条件对其成新率影响很大，因此把工作条件分道路条件和特殊使用条件两种。

道路条件。道路条件可分为好路、中等路和差路三类。好路，指国家道路等级中的高速公路，一、二、三级道路，好路率在50%以上；中等路，指符合国家道路等级四级道路，好路率在30%~50%；差路：国家等级以外的路，好路率在30%以上。

特殊使用条件。特殊使用条件主要指特殊自然条件，包括严寒、沿海、风沙、山区等地区。

根据上述工作条件可适当取值。车辆长期在道路条件为好路和中等路行驶时，工作条件系数分别取1和0.9；车辆长期在差路或特殊使用条件下工作，其系数取0.8。

【案例一】

某家庭用普通型桑塔纳轿车，初次登记时间为2005年2月，评估基准时间为2010年2月，请分别用等速折旧法，加速折旧法中的年份数求和法和双倍余额递减法计算成新率。

分析：

该车使用年限刚好是5年，规定，私家车使用年限为15年。则成新率为

等速折旧法 = 66.7%

年份数求和法 = 45.8%

双倍余额递减法 = 48.9%

【案例二】

某人2007年花13.5万元购置了一辆普通桑塔纳轿车作为个人使用。2011年2月，在某省机动车交易市场交易，评估人员鉴定，该车发动机排量为1.8升，初次登记时间为2007年8月，基本作为个人市内交通使用，累计行驶里程7万多公里，维护保养一般，路试状况较好。2010年12月，该车市场新车价为11.0万元，请用加权平均的方法确定综合调整系数。

分析：

该车路试状况较好，取车辆技术状况系数 $K_1 = 1.0$。

维护保养一般，车辆使用与维护状态系数为 $K_2 = 0.9$。

桑塔纳轿车为国产名牌车，车辆原始制造质量系数为 $K_3 = 0.9$。

该车为私人用车，且累计行驶里程为7万多公里，则车辆工作性质系数为 $K_4 = 1.0$。

该车为个人市内交通使用，则取车辆工作条件系数为 $K_5 = 0.9$。

则综合调整系数为：$K = K_1 \times 30\% + K_2 \times 25\% + K_3 \times 20\% + K_4 \times 15\% + K_5 \times 10\%$。

【案例三】

客户："我有一辆车想卖掉，请问你可以大致帮我看一下，定个价吗？"

销售员："可以，请稍等。"

分析：

作为销售人员应从两个方面来考虑：①广义的要素：二手车市场的行情、二手车车型和品牌人气度（德系、日系车辆销售情况好于欧美系车，以2.0升左右车况较好的车备受青睐）；②看细节化要素：车子的年份配置、当前新车价、车况情况分析、实际使用情况及现阶段车辆的销售价格。

然后再根据车辆的实际情况具体分析，综合以上因素来评估其价值。

【案例四】

帕萨特领驭1.8T手动基本型，登记日期：2007年9月，新车包牌价格：新款相似配置19万元；表征行驶里程：3.3万公里；用户情况：车主置换新款车辆，希望价格16万元。该车配置和手续：车身双层防锈镀锌钢板，发动机直列4缸，1.8升涡轮增压汽油发动机，5档手动变速器，购置附加费正常缴纳并有效，养路费缴纳至2008年12月，车船税缴纳至2008年，保险全部到2009年9月，登记证、发票登记证有效、正规发票，其他税费手续齐全。

请分析：买主估价16万元是否合理？

分析：

静态检查：车辆整体外观良好，车身有轻微的划痕，前乘客侧防撞擦条有修复痕迹，右后的保险杠下方有明显的擦伤修复痕迹，驾驶人迎宾踏板有划痕，车辆的其他外观方面基本良好没有破损痕迹。车门开合正常，行李箱内侧密封胶有打开痕迹，驾驶人侧有明线，加装了防盗设备，但是安装粗糙。驾驶室内采用米色内饰，做工略显粗糙，尤其是座椅使用的材料感觉不够档次，后排座椅有拆装过的痕迹，没有安装到位。发动机舱内线路基本正常，安装的防盗设备从蓄电池搭接的线路不够专业，其他部分基本正常，发动机侧面防火墙有轻微的破损痕迹。没有渗漏痕迹。底盘系统基本正常，轮胎磨损正常，制动片由于放置一定的时间出现了轻微的锈蚀，其他基本正常。

动态检查：车辆起动后抖动正常，怠速略高，很快平稳之后噪声下降。行驶过程中变速器结合动力平顺，离合器感觉略沉，转向准确，加速过程中车辆由于自重较大噪声升高转速上升，增压器作用之后动力感觉顺畅。制动性能良好。

意见：帕萨特系列车型作为大众的主流产品一直在市场上有着无可比拟的稳定性和交易量，纵使经济环境低迷的今天每月全国交易量仍在万辆以上可谓是"老神仙"车型。这款车的整体车况良好，黑色车身属于主流车型，虽然有不少竞争车辆，但是同系迈腾、日系的雅阁、凯美瑞、锐志、天籁、马自达6性价比逐渐提升，美系君越、蒙迪欧致胜等车型也都"大幅降价促销"。这类市场的价格连锁反应比较激烈，二手车市场德系主流车型仍旧是销售的"高成交率"车型。根据市场预期这款车的成交价格应该在15.2万~15.5万元之间比较合理。

项目十五 二手车评估

任务 3
二手车鉴定评估的计算方法

一、任务分析

通过本任务的学习，学生应掌握二手车评估的方法。

二、任务学习

由于我国对二手车评估还没有统一的标准，因此二手车估价方法主要参照资产评估的方法。主要按照以下四种方法进行：重置成本法、收益现值法、现行市价法、清算价格法。

1. 重置成本法

重置成本法是指在现时条件下重新购置一辆全新状态的被评估车辆所需的全部成本（即完全重置成本，简称重置全价），减去该被评估车辆的各种陈旧贬值后的差额作为被评估车辆现时价格的一种评估方法。

基本计算公式：

车辆评估价格＝车辆重置成本×成新率×折扣率

（1）车辆重置成本 以评估车辆同型号新车现行市场价格或类似新车现行市场价格进行功能性贬值修正后加上 8.55% 车辆购置税确定。

（2）成新率 采用年限法确定，其计算公式为

$$成新率 = \left(1 - \frac{已使用年限}{规定使用年限}\right) \times 综合调整系数 \times 100\%$$

综合调整系数按加权求和法计算，其计算公式为

综合调整系数＝车辆技术状况系数×0.3＋车辆使用和维护系数×0.25＋车辆制造质量系数×0.2＋车辆使用性质系数×0.15＋车辆工作条件系数×0.1（任务2已经具体讲解过）

（3）折扣率 上述成新率的估算方法往往只是考虑了一种因素，如使用年限法计算的成新率仅仅考虑了使用年限因素对车辆的实体性损耗的影响。行驶里程法仅考虑了行驶里程因素所导致的损耗，部件鉴定法虽然考虑了各个部件的损耗情况，却没有充分考虑到年限以及行驶里程对车辆价值的影响。

因此如果采用公式：评估值＝重置成本×成新率

计算得到的数值作为被评估车辆的价值，显然是不准确的。为了避免单一因素成新率计算的不足，我们以一个折扣率来衡量其他因素对车辆价值影响的大小。

折扣率的估算根据市场同种车型的供求关系、宏观经济政策和对车价变化的未来预期以及市场实现的难易等因素，由旧机动车估价师依据评估经验进行判定。

2. 收益现值法

收益现值法是将被评估的车辆在剩余寿命期内预期收益，折现为评估基准日的现值，借此来确定车辆价值的一种评估方法。现值既为车辆的评估值，现值的确定依赖于未来预期收益。该方法较适用于投资营运的车辆。其优点是与投资决策相结合，易于双方接受；能真实准确反映车辆本金化的价格。其缺点是预期收益额预测难度大，受主观判断及未来不可预见

因素的影响较大。

当未来预期收益不等值时：$P = \sum_{t=1}^{n} \frac{A_t}{(1+i)^t}$

当未来预期收益等值时：$P = A \times \frac{(1+i)^n - 1}{i(1+i)^n}$

其中：P 为评估值；A_t 为未来第 t 个收益期的预期收益额；n 为收益年限；i 为折现率；t 为收益率。

(1) 收益现值法中各评估参数的确定

1) 剩余使用寿命期的确定　剩余使用寿命期指从评估基准日到车辆达到报废的年限。如果剩余使用寿命期估计过长，就会高估车辆价格；反之，则会低估价格。因此，必须根据车辆的实际状况对剩余寿命作出正确的评定。

对于各类汽车来说，该参数按《汽车报废标准》确定是很方便的。

2) 预期收益额的确定　收益法运用中，收益额的确定是关键。

收益额是指由被评估对象在使用过程中产生的超出其自身价值的溢余额。

3) 折现率的确定　折现率是将未来预期收益折算成现值的比率。它是一种特定条件下的收益率，说明车辆取得该项收益的收益率水平。

收益率越高，意味着单位资产的增值率越高，在收益一定的情况下，所有者拥有资产价值越低。

在计量折现率时必须考虑风险因素的影响，否则，就可能过高地估计车辆的价值。一般来说，折现率应包括无风险收益率和风险报酬率两方面的风险因素。即

折现率 = 无风险收益率 + 风险报酬率

折现率一般不好确定。其确定的原则应该不低于国家银行存款的利率。

因此实际应用中，如果其他因素不好确定时，可取折现率等于利率。

3. 现行市价法

现行市价法又称市场法、市场价格比较法，是指通过比较被评估车辆与最近售出类似车辆的异同，并将类似车辆的市场价格进行调整，从而确定被评估车辆价值的一种评估方法。现行市价法是最直接、最简单的一种评估方法。现行市价法要求评估人员经验丰富，熟悉车辆的评估鉴定程序、鉴定方法和市场交易情况，那么采用现行市价法评估时间会很短，因此，特别适合应用于成批收购、鉴定和典当。单件收购估价时，还可以讨价还价，达成双方都能接受的交易价格。

采用现行市价法评估的步骤：

(1) 考察鉴定被评估车辆　收集被评估车辆的资料，包括车辆的类别、名称、型号等。了解车辆的用途、目前的使用情况，并对车辆的性能、新旧程度等作必要的技术鉴定，以获得被评估车辆的主要参数，为市场数据资料的搜集及参照物的选择提供依据。

(2) 选择参照物　按照可比性原则选取参照物。

车辆的可比性因素主要包括：类别、型号、用途、结构、性能、新旧程度、成交数量、成交时间、付款方式等。

参照物的选择一般应在两个以上。

(3) 对被评估车辆和参照物之间的差异进行比较、量化和调整　被评估车辆与参照物

之间的各种可比因素，尽可能地予以量化、调整。具体包括：

1）销售时间差异的量化。在选择参照物时，应尽可能地选择在评估基准日成交的案例，以免去销售时间允许的量化步骤。

若参照物的交易时间在评估基准日之前，可采用指数调整法将销售时间差异量化并予以调整。

2）车辆性能差异的量化。车辆性能差异的具体表现是车辆营运成本的差异。

通过测算超额营运成本的方法将性能方面的差异量化。

3）新旧程度差异的量化。被评估车辆与参照物在新旧程度上不一定完全一致，参照物也未必是全新的。这就要求评估人员对被评估车辆与参照物的新旧程度的差异进行量化。

差异量＝参照物价格×（被评估车辆成新率－参照物成新率）

4）销售数量、付款方式差异的量化。销售数量大小、采用何种付款方式均会对车辆的成交单价产生影响。

对销售数量差异的调整采用未来收益的折现方法解决；对付款方式差异的调整，被评估车辆通常是以一次性付款方式为假定前提，若参照物采用分期付款方式，则可按当期银行利率将各期分期付款额折现累加，即可得到一次性付款总额。

（4）汇总各因素差异量化值，求出车辆的评估值 对上述各差异因素量化值进行汇总，给出车辆的评估值。以数学表达式表示为

被评估车辆的价值＝参照物现行市价×∑差异量

或：被评估车辆的价值＝参照物现行市价×差异调整系数

用市价法进行评估，了解市场情况是很重要的，并且要全面了解，了解的情况越多，评估的准确性越高，这是市价法评估的关键。

运用市价法收购二手车的贸易企业一般要建立各类二手车技术、交易参数的数据库，以提高评估效率。

用市价法评估已包含了该车辆的各种贬值因素，包括有形损耗的贬值，功能性贬值和经济性贬值。因而用市价法评估不再专门计算功能性贬值和经济性贬值。

4. 清算价格法

清算价格法是以清算价格为标准，对二手车辆进行价格评估。清算价格是指企业由于破产或其他原因，在一定的期限内将车辆变现。在企业清算之日预期出卖车辆可回收的快速变现价格。

小提示

作为销售人员，在回答客户提问时可以使用简便快速的方法来对车辆进行评估，一般为：使用年限为15年的二手车口诀为：87665544332；规定使用年限为10年的二手车口诀为：87654332；规定使用年限为8年的二手车口诀为：7654321

这串数字的具体应用为，新车价格为20万元的家用轿车，规定年限为15年，已使用1年，则估价为新车价的8折，即20万元×80%＝16万元；已使用2年的，估价为7折，估价为14万元；已使用3年的为6折，以此类推。

汽车销售实务

【案例一】

某人拟购置一台较新的普通桑塔纳车用作个体出租车经营使用,经调查得到以下各数据和情况:车辆登记之日是1997年4月,已行驶公里数1.3万公里,目前车况良好,能正常运行。如用于出租使用,全年可出勤300天,每天平均毛收入450元。评估基准日是1999年2月。试用收益现值法估算该车的价值。

分析:

从车辆登记之日起至评估基准日止,车辆投入运行已2年。根据行驶公里数和车辆外观和发动机等技术状况看来,该车辆原投入出租营运,还算正常使用、维护之列。根据国家有关规定和车辆状况,车辆剩余使用寿命为6年。

预期收益额的确定思路是:将一年的毛收入减去车辆使用的各种税和费用,包括驾驶人员的劳务费等,以计算其税后纯利润。

根据目前银行储蓄年利率、国家债券、行业收益等情况,确定资金预期收益率为15%,风险报酬率5%,具体计算步骤如下:

1) 确定车辆的剩余使用年限6年。
2) 估测车辆的预期收益

① 预计年收入:$450 \times 300 = 13.5$ 万元。

② 预计年支出:

每天耗油量75元,年耗油量为 $(75 \times 300) = 2.25$ 万元。

日常维修费1.2万元。

平均大修费用0.8万元。

牌照、保险、养路费及各种规费、杂费3.0万元。

人员劳务费1.5万元。

出租车标付费0.6万元。

故年毛收入为 $(13.5 - 2.25 - 1.2 - 0.8 - 3.0 - 1.5 - 0.6) = 4.15$ 万元。

按个人所得税条例规定年收入在3~5万元之间,应缴纳所得税率为30%。故车辆的年纯收益额为 $[4.15 \times (1 - 30\%)] = 2.9$ 万元。

确定车辆的折现率:该车剩余使用寿命为6年,预计资金收益率为15%,再加上风险率5%,故折现率为20%。

计算车辆的评估值:假设每年的纯收入相同,则由收益现值法公式求得收益现值,即评估值。

【案例二】

市场上有6辆完全相同的车辆待出售。经调查,该地区市场上此类车辆平均每年只售出2辆。于是为满足买主的要求,卖方同意以优惠价格一次性同时出售6辆汽车。而可选择的近期交易参照物单辆售价为4万元。试用现行市价法评估此6辆汽车的现值。

分析：

1) 直接以参照物的价格出售，即每辆汽车4万元。当年销售2辆汽车，可得销售收入为 2×4万元＝8万元。

2) 其余4辆汽车如逐年销售，2年后才能售完。每辆汽车4万元，以参照物单价为标准，未来每年可得销售款8万元。以此为基础，折算4辆汽车的现值，适用的折现率为10%。

3) 实际上这是一个未来收益的折现问题。根据未来收益现值法的公式，可计算4辆汽车的现值为

80000元 ×〔(1＋10%) 2－1〕÷10%(1＋10%)2＝138843元

4) 6辆汽车同时出售的评估值为

80000元 ＋138843元 ＝218843元

【案例三】

品牌：上海大众途安　　型号：1.8T手动　　颜色：黑色

登记日期：2006年1月　　行驶里程：9996公里

发动机及变速器规格：1.8升涡轮增压发动机、单缸5气门、5档手动变速器

试用现行市价法进行估价。

分析：

静态检查：左前轮眉有一处凹坑，全车无任何外伤。行驶里程很少，外观和内饰很新。

动态检查：冷车起动灵敏正常，怠速稳定，路试加速反应快捷，密封性很好，风噪、胎噪在时速80公里时均不高。操控稳定，转向灵活，制动灵敏有效。底盘无渗漏、拖底迹象。

综合评定：途安自上市以来销售稳中有升，成为很多消费者购买MPV车型的首选。目前新车包牌价为22.5万元左右，此车状况十分优异，评估价格为17～18万元。

情境实训

应用M-AB汽车商务情景仿真系统开展情境综合实训（具体展开形式参见汽车营销一体化情境实训指导手册）。

汽车销售实务

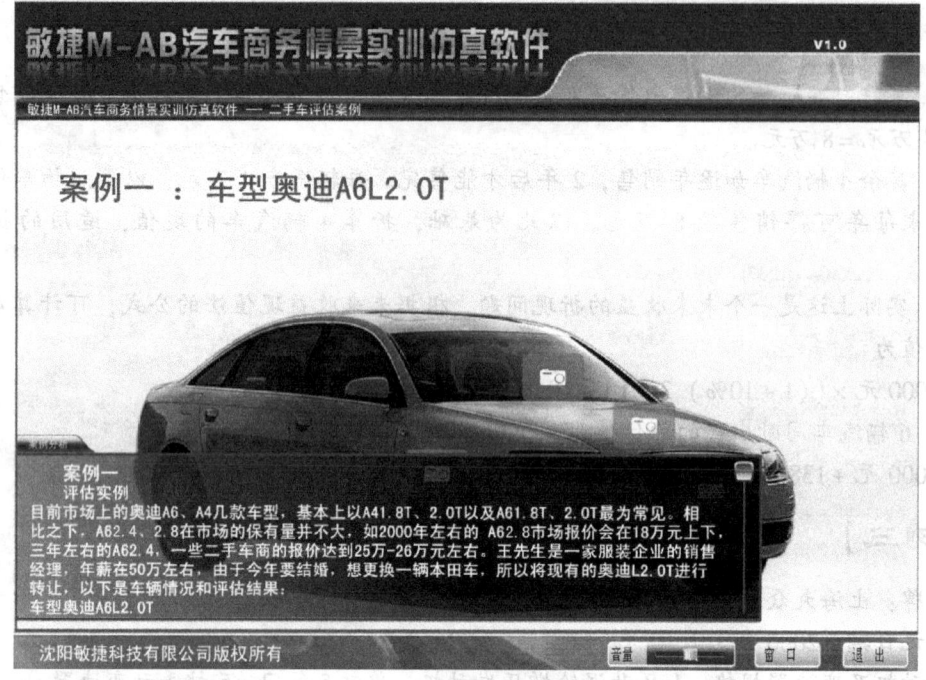

作业

1. 根据每次任务的学习，各写一份实习报告。
2. 车辆过户需要提供哪些证件？
3. 在二手车交易中，办理相关证件需要多长时间？
4. 买二手车时，应注意哪些注意事项？
5. 如何鉴别二手车的整体印象？
6. 某租赁公司欲转让一台捷达轿车，该车初次登记时间为 2008 年 3 月，评估基准时间为 2011 年 3 月。请分别用等速折旧法、年份数求和法和双倍余额递减法计算成新率。
7. 某人 2004 年花 13.5 万元购置了一辆普通桑塔纳作为个人使用，于 2009 年 2 月，在某省旧机动车交易市场交易，评估人员检查发现，该发动机排量 1.8 升，初次登记为 2004 年 8 月，基本作为个人市内交通使用，累计行驶里程 7 万多公里，维护保养一般，路试车况较好。2008 年 12 月，该车市场新车价 11.0 万元，请用综合分析法，计算成新率，其综合调整系数采用加权平均的方法确定，计算综合评估值。
8. 某车主欲出售一辆已使用了 5 年 8 个月的普通桑塔纳轿车。该轿车为私用车，常年行驶在市区，道路条件较好；车主按厂家使用说明要求定期由特约服务站进行维护，没有经过大修，使用状态良好，故障率低；车辆的外观略旧，有划痕；私用车使用强度不高；汽车的技术状况较好；其他情况均与车辆新旧程度基本相符。试估算该车的成新率。